1 MONTH OF
FREE
READING

at

www.ForgottenBooks.com

By purchasing this book you are eligible for one month membership to ForgottenBooks.com, giving you unlimited access to our entire collection of over 1,000,000 titles via our web site and mobile apps.

To claim your free month visit:

www.forgottenbooks.com/free391247

ISBN 978-0-483-01649-1
PIBN 10391247

LES
VOIES COMMUNICATION

ET LES

MOYENS DE TRANSPORT

A

MADAGASCAR

PAR

J. CHARLES-ROUX

ANCIEN DÉPUTÉ

PARIS

ARMAND COLIN ET Cᵉ, ÉDITEURS

5, RUE DE MÉZIÈRES, 5

—

1898

LES
VOIES DE COMMUNICATION
ET LES
MOYENS DE TRANSPORT
A
MADAGASCAR

LES
VOIES DE COMMUNICATION
ET LES
MOYENS DE TRANSPORT
À
MADAGASCAR

PAR

J. CHARLES-ROUX

ANCIEN DÉPUTÉ

PARIS
ARMAND COLIN ET Cᴵᴱ, ÉDITEURS
5, RUE DE MÉZIÈRES, 5

—

1898

History

Nous avons reçu de nombreuses lettres dans lesquelles on nous demande de réunir en brochure la série d'articles que nous venons de publier dans la *Quinzaine Coloniale* sur LES VOIES DE COMMUNICATION ET LES MOYENS DE TRANSPORT A MADAGASCAR.

Nous nous rendons très volontiers au désir exprimé par nos correspondants et nous joignons à cette étude une série de cartes et plans que nous sommes autorisé à publier et qui en rendront la lecture plus facile.

1° Carte générale de Madagascar divisée en cercles militaires et indiquant le degré de pacification des diverses parties de l'île.

2° Plan d'ensemble du Canal des Pangalanes.

3° Tracés de la piste muletière et de la route charretière en construction de Tamatave à Tananarive, et du chemin de fer projeté.

4° Carte marine du mouillage de Tamatave et indication du bassin à construire.

5° Carte marine de la baie de Diego-Suarez.

6° Carte marine du mouillage de Majunga.

Nous remercions MM. Armand Colin et Cie d'avoir bien voulu se charger d'éditer cette modeste brochure. — Notre seule prétention a été de mettre au point une des questions qui préoccupent à juste titre tous ceux de nos compatriotes qui s'intéressent aux progrès de notre nouvelle colonie.

J. CHARLES-ROUX.

Paris, 25 octobre 1898.

LES
VOIES DE COMMUNICATION

ET LES

MOYENS DE TRANSPORT

A

MADAGASCAR

I

ROUTE CHARRETIÈRE DE MAJUNGA A TANANARIVE
PISTE MULETIÈRE DE TAMATAVE A TANANARIVE
ROUTE CARROSSABLE

En suivant avec soin les multiples travaux de M. le général Gallieni, on se plaît à constater qu'il joint à de brillantes qualités militaires celles d'un excellent administrateur colonial.

Après l'effort qu'il a dû tenter pour hâter la pacification avec des effectifs réduits, le général a forcément porté son attention sur les voies de communication, principale base de toute colonisation.

« *Je m'aperçois plus que jamais*, m'écrivait-il de Majunga, « à la date du 22 juin dernier, *combien il serait important que* « *nous eussions des voies de communication rapide, car j'essaie de* « *me mobiliser le plus possible et je n'arrive cependant pas à pou-* « *voir visiter les différentes parties de notre colonie. Or, vous* « *n'ignorez pas que le seul moyen de se rendre compte de la situa-* « *tion et des besoins de chaque région, c'est de la parcourir en* « *détail, d'interroger les habitants, de voir par soi-même, en un* « *mot. Cela m'est bien difficile avec les moyens rudimentaires dont* « *nous disposons.* »

La généralité des peuples dont la civilisation est à l'état

embryonnaire sont peu amoureux de la facilité des communications, et les Hovas considéraient que les difficultés que présen-
tait l'accès de leur capitale était pour eux une garantie contre
l'invasion étrangère et pour le maintien de leur suprématie.
Quant aux autres peuplades, comme elles n'entretenaient pas entre
elles des rapports empreints d'une parfaite cordialité et qu'elles
n'étaient point disposées à subir le joug des Hovas, elles se ren-
fermaient avec soin dans leur territoire et n'éprouvaient aucun
besoin d'y ouvrir des voies faciles de pénétration.

Aussi, au moment où nous avons définitivement planté notre
drapeau à Madagascar, il n'y existait aucune route, telles que
nous les concevons en Europe. Les chemins que l'on suivait
étaient de simples sentiers, battus par l'usage, allant droit au
point à atteindre, sans souci des pentes et des côtes, des torrents
ou des rivières à traverser, et suivant de préférence les crêtes des
montagnes. On est tout d'abord surpris par cette tendance ; mais
elle est aisément explicable. Sur les crêtes, le sol est généralement solide, rocheux, uni et résistant sous le pied, tandis que,
dans les vallées, l'argile qui les recouvre est détrempée par les pluies
et forme un chemin impraticable au pied de l'homme, surtout d'un
homme portant un fardeau. Quant aux ponts, c'était un luxe entièrement inconnu et à peine si parfois un arbre, qui avait poussé
sur le bord d'un torrent, était abattu pour en faciliter le passage.

Nous croyons devoir appeler l'attention sur une erreur assez
répandue en France, relativement à la répartition des saisons à
Madagascar. Si en Emyrne et sur la côte est, il existe deux saisons bien tranchées : la saison sèche et la saison pluvieuse, chacune d'une durée à peu près égale, il n'en est pas de même sur
le versant oriental, où les pluies, bien que très variables d'inten-
sité pendant ces deux saisons, durent pendant presque toute
l'année — sauf pendant les mois de septembre et octobre. Il est
facile de conclure que cette persistance de pluie augmente singulièrement les difficultés d'entretien d'une bonne route sur le versant oriental.

Le sentier, la principale « piste », — pour nous servir de
l'expression consacrée, — existant à Madagascar, était celle reliant
Tamatave à Tananarive ; elle était la plus fréquentée. C'était la
« route nationale », le « chemin de grande communication » du
gouvernement Hova. — On prétend qu'il existait un autre sentier beaucoup plus court qu'aurait pris *Radama Ier*, pour remonter

dans sa capitale, après la conquête de Tamatave, en août 1817. Ce fougueux guerrier aurait suivi le cours principal de l'*Ivondrona* jusqu'à *Belempona;* traversé de là le bassin du *Haut-Ivondrona*, et les marais de *Didy*, pour atteindre la vallée du *Mangoro* et gravir les rudes pentes du plateau central, 1 518 mètres d'altitude. Nous ne garantissons pas ce tracé : nous pensons dans tous les cas que, s'il était plus court, il devait être singulièrement plus pénible que le sentier actuel. Cette ascension ne pourrait donc prouver qu'en faveur des jambes de Radama ou, tout au moins, de celles de ses porteurs de filanzane.

Une seconde piste allait de Tananarive à Majunga, et toute cette région était relativement bien desservie.

Une troisième mettait en communication la capitale avec l'intérieur, le pays des *Betsileos* et de *Barras*, en passant par *Fianarantsoa* et aboutissant au port de *Mananjary*. Celle de *Vatomandry* est peu accidentée : il paraît que c'est par là que S. M. *Ranavalo Mànjaka III* a reçu les diverses armes, voire même les canons et les munitions destinés à nous arrêter dans notre marche et à nous rejeter à la mer.

Une piste reliait *Diego-Suarez* à *Vohémar* et *Tamatave* et, de l'autre côté, en suivant la plage, *Antalaka* et la *baie d'Antongil*.

Quant à la région de *Fort-Dauphin*, un des explorateurs, envoyé par le général, dit avoir retrouvé les traces d'une grande route se dirigeant sur Fianarantsoa.

D'après cet exposé, forcément très incomplet, on s'explique les difficultés qu'a eu à surmonter le général pour l'entretien de ses troupes en Émyrne. Nos braves soldats n'ont pas fait publier par l'*Officiel* la narration de leurs souffrances; — ils n'ont pas annoncé combien de fois ils ont manqué de pain et de vin, ont été réduits à la demi-ration et même obligés de se nourrir presque exclusivement de riz.

« *Comment*, disait un officier, *assurer la sécurité, quand les*
« *détachements doivent marcher avec leurs armes, leurs sacs, leurs*
« *munitions et vingt jours de vivres, à travers des broussailles*
« *accessibles seulement à ce cousin germain d'un singe agile et*
« *malfaisant qu'on appelle un Fahavalo?* »

Je passe sur les difficultés que présentaient les explorations et les reconnaissances, pour aborder la question des transports.

Tous les transports se faisant à dos d'hommes pour les marchandises, et en *filanzanes* pour les voyageurs, le nombre des porteurs — des *bourjanes* — était devenu complètement insuffisant pour les besoins, malgré les hauts prix auxquels on les payait. A mesure que la population de l'Emyrne augmentait, croissaient également les exigences des *bourjanes*, qui, se voyant de plus en plus recherchés, exigeaient des salaires de plus en plus élevés, tout en prétendant diminuer le poids de leur fardeau. La charge, qui était tombée de 30 à 25 kilogrammes, faisait ressortir à 3 fr. 50 au minimum le prix du transport de la tonne kilométrique et le transport d'une tonne de marchandises de Tamatave à Tananarive a atteint jusqu'à 1 300 à 1 500 francs. Le total des salaires pour les transports de l'État payés aux bourjanes, employés seulement entre la côte est et Tananarive, s'est élevé, en 1897, à plus de *deux millions de francs*; le commerce a dépensé bien plus encore et Tananarive n'en était pas moins fort mal approvisionné. Aussi, le général Gallieni a-t-il eu grandement raison de chercher à s'affranchir de la tyrannie des bourjanes et les sommes qu'il a consacrées à des routes, même provisoires, ont été sagement et utilement employées.

Il y a quelques mois, au sein de la commission du budget de la Chambre des députés, nous avons été à même d'étudier de près le plan des travaux publics conçu par le général Gallieni. Nous avons lu ses rapports, ainsi que ceux de ses collaborateurs : le lieutenant-colonel Roques, le capitaine de Mondésir, le colonel Marmier, et le conducteur principal, M. Falconnet. Les considérations qui accompagnent ces intéressants documents mettent singulièrement en relief le plan arrêté par le général gouverneur et approuvé par le ministère des Colonies.

« S'établir très fortement à Tananarive, assurer de ce point
« la sécurité et la rapidité des communications avec la côte, sur-
« tout avec Tamatave; puis faire rayonner des routes vers des
« positions bien déterminées à l'avance, relier ces positions entre
« elles; tendre, en somme, un véritable réseau de voies de com-
« munication aboutissant toutes à la capitale de l'Emyrne et, par
« des progrès incessants, faire autour de Tananarive une « tache
« d'huile » qui, dans peu d'années, s'étendra sur toute l'île : tel
« paraît être l'objectif du gouverneur général, en vue d'assurer
« l'occupation, la prompte pacification et la mise en valeur de
« notre nouvelle conquête [1]. »

1. Rapport fait au nom de la Commission du budget chargée d'examiner le projet de loi autorisant la colonie de Madagascar à procéder à une deuxième émission

Voyons quelle est la portion de ce plan qui est déjà exécutée;
— quels sont les résultats obtenus et les travaux restant à
accomplir.

Route charretière de Majunga à Tananarive.

Pourquoi avait-on abandonné la route qui avait été construite,
en 1895, par le corps expéditionnaire? Nous croyons que les
mauvais souvenirs qu'elle avait laissés et que les sacrifices douloureux que sa construction a occasionnés sont dus plutôt au travail excessif imposé à des hommes très jeunes et non acclimatés
aux pays tropicaux, qu'à l'insalubrité même des régions qu'elle
traverse.

C'est l'opinion d'un de nos honorables compatriotes, M. Alby,
qui, après avoir rendu d'éminents services sur la côte occidentale d'Afrique, notamment au Dahomey, a été nommé au gouvernement de Majunga et nous a fait, dans un des derniers dîners
de l'Union coloniale et du Comité de Madagascar, une communication des plus instructive sur Majunga, son port et ses environs.
On a prétendu également que les pluies avaient entièrement
emporté la route. C'est encore une légende puisque, dès son
arrivée, le général s'est empressé de la faire réparer, qu'une
somme de 50 mille francs a suffi et, qu'en décembre 1897, le
colonel Lyautey, parti de Maevetenana et suivi de vingt-cinq
voitures Lefèvre, est arrivé « rênes en mains » à Tananarive.

Piste muletière de Tamatave à Tananarive.

La piste muletière a un développement de plus de 300 kilomètres. Jusqu'à *Andevorante*, elle suit une espèce de dune séparée
de la grande île par une série de lagunes presque continues et
interrompues seulement par trois ou quatre seuils.

A Andevorante, la direction générale de la piste change brus-
quement et tourne à l'ouest. La navigation sur l'Iaroka, qui se
faisait en pirogue, se fait maintenant sur des chalands remorqués
par des canots Voruz et le trajet est infiniment plus rapide, plus
économique et plus sûr.

Des ponts ont été établis sur tous les torrents et rivières et

d'obligations garanties par le gouvernement de la République française et à exé-
cuter divers travaux publics, par M. Cros-Bonnel, député. — 14 mars 1898.

les deux points qui ont présenté de sérieuses difficultés sont d'abord de *Maromby* à *Bédara*, où il a fallu remanier complètement l'ancien sentier malgache dont les pentes atteignaient jusqu'à 40 et 50 centimètres par mètre; ensuite, la traversée de la grande forêt, vers *Ampasimbi*, où le terrain, encore plus tourmenté que sur le tronçon précédent, est formé d'une argile rouge micacée, n'offrant aucune résistance aux pieds des animaux et qu'il faudra empierrer pour que ce ne soit plus un vrai marécage.

Afin d'assurer la sécurité des voyageurs et la marche régulière des convois sur la piste muletière, les commandants de cercle ont établi entre chaque poste des escortes et les voyageurs militaires ou colons ne circulent que sous leur protection. De plus, dans la partie de la grande forêt qui était le plus exposée aux attaques, entre *Analamazaotra* et *Ampasimpotry*, le général a fait élever de petits blockhaus, très rapprochés les uns des autres et pour des effectifs de 10 à 12 hommes, ce qui permet de diminuer l'importance des escortes et, par suite, les fatigues du personnel.

Enfin, le général, soucieux des légitimes intérêts des indigènes, a prescrit de nombreux aménagements tout le long de la ligne d'étapes. Les indigènes étaient en effet obligés de quitter à tout instant leur foyer pour livrer leurs installations aux passagers. Ces visites répétées auraient pu les pousser à abandonner leurs villages et à faire le vide sur notre ligne de communication. A ces considérations se joignait une véritable question d'humanité. Aussi, le général a-t-il fait établir, dans les villages où stationnent les voyageurs, des installations simples, qui ne sauraient lutter avec l'hôtel Ritz, mais qui fournissent un abri suffisant pour les voyageurs et pour les mulets.

Les derniers courriers n'ont pas mis plus de *trois jours* pour parvenir de Tamatave à Tananarive, tandis qu'il en fallait six à sept; et le transport des marchandises, grâce à ces améliorations, s'effectue de la façon suivante [1] : les marchandises débarquées à Tamatave sont déposées dans des magasins où leur emballage est refait, lorsqu'on n'a pas eu soin en France de les fractionner en poids de 45 à 60 kilogs. Elles sont alors chargées sur des chariots qui les transportent au village d'*Ivondro* (10 kilomètres). Là, elles sont placées sur une chaloupe à vapeur qui les débarque sur l'autre rive du fleuve, à *Ambodinizy* (1 kilom. 200 mètres).

---

1. Rapport du commandant Roques, annexé à celui de M. Cros-Bonnel.

Rechargées sur des chariots, elles vont jusqu'à *Andevorante*, où elles sont reprises par des embarcations qui vont les déposer à *Mahatsara* (9 kilomètres). A Mahatsara, nouveau chargement sur chariots et transport jusqu'au terminus de la route charretière qui était à Ankeramadinika. Jusqu'à la fin de 1897, le reste du trajet se faisait encore à dos d'hommes pour atteindre Tananarive; mais depuis plusieurs mois, la route carrossable est ouverte sur ce dernier tronçon. Nous sommes encore loin de la perfection et des tarifs rationnels. Tous ces transbordements sont certainement regrettables et onéreux, mais cependant il y a progrès. Le gouvernement, comme les commerçants, ne sont plus livrés pieds et points liés aux bourjanes et le transport d'une tonne de marchandises, de Tamatave à Tananarive, revient à 800 ou 900 francs, au lieu de 1 300 à 1 500 francs. Au lendemain d'une occupation, on ne saurait renoncer à établir des communications imparfaites, sous prétexte d'en attendre d'excellentes, toujours longues à venir.

Route charretière de Tamatave à Tananarive.

Le tracé de la route carrossable devait, d'après le premier avant-projet établi par le service du génie, emprunter les vallées de la *Vohitra* et de la *Sahatandra* et, dans ces conditions, les pentes n'eussent pas dépassé 5 à 6 centimètres par mètre. Mais, quelque séduisant que fût le projet de relier Tananarive à la mer par une belle route permettant la circulation de lourdes charrettes, la mise à exécution exigeait plusieurs années et des moyens financiers considérables. Aussi, le général a-t-il pensé que le but qu'il fallait rapidement atteindre consistait à relier l'Emyrne à Tamatave par une route accessible aux voitures et aux charrettes portant des poids modérés et que cette route devait aboutir à Mahatsara, qui est le terminus pratique de la navigation de l'Iaroka, point où doit aboutir le canal des Pangalanes.

La route partant donc de Mahatsara se dirige sur *Betorona*, en se tenant aussi près que possible de la piste muletière, afin d'utiliser les installations déjà établies sur cette piste (gîtes d'étapes, etc.) Les pentes maxima ne dépassent pas 8 centimètres par mètre et sa largeur est de 5 mètres. Elle sera empierrée dans toute sa longueur sur une largeur de 2m,50.

A partir de *Beforona*, il est obligatoire d'abandonner non seulement le tracé du chemin muletier, mais aussi la région qu'il traverse et d'aller rejoindre la vallée de la Sahatandra. Il était en effet impossible de trouver à proximité du chemin muletier un tracé convenable, d'une part, au point de vue de la limite des pentes à ne pas dépasser et, d'autre part, à cause des nombreuses digues à construire pour traverser les marais. La Sahatandra, qui prend le nom de Vohitra au milieu de son cours, est un fleuve torrentueux qui franchit par des chutes très élevées tous les plissements nord-sud de la forêt. Une de ces chutes atteint même 80 mètres de hauteur. Mais des vallées auxiliaires perpendiculaires à la trouée du fleuve permettent de descendre en pentes douces les hauteurs que le fleuve franchit d'un seul bond. La traversée de la grande forêt présente les mêmes difficultés que celles déjà mentionnées à propos de la piste muletière.

Nous avons poussé le scrupule jusqu'à ne pas nous en tenir exclusivement aux renseignements officiels qui nous sont fournis par la très intéressante revue que le général fait imprimer à Tananarive même et qui paraît le dernier de chaque mois, sous le titre : *Notes, reconnaissances et explorations*. Nous avons écrit à un de nos collègues du Comité, actuellement à Madagascar, de vouloir bien nous donner ses impressions sur la nouvelle route charretière en construction et voici ce qu'il nous répond par le dernier courrier :

« La route charretière entre Tamatave et Tananarive peut être « considérée comme terminée sur trois points : 1° *De Tamatave* « *à Andevorante* (100 kilomètres). On a débroussaillé l'ancien « sentier des bourjanes, construit des ponts en bois solides sur « les lagunes; on a fait, en un mot, tout ce qu'il fallait pour « attendre l'ouverture du canal des Pangalanes.

« 2° *De Makatiaria à la rivière Mahela* et au col de *Tsaravin-* « *tana* (50 kilomètres environ). Ah! voilà une route et une route « très bonne. Elle est telle qu'il fallait la souhaiter et nous « n'avons pas sensiblement mieux en France dans nos provinces « montagneuses. Tous les empierrements nécessaires ont été « faits, toutes les pentes et courbes trop rudes ont été adoucies. « On a jeté sur les rivières des ponts en bois de charpente très « solidement construits; sur les ruisseaux, des ponceaux du « même système, et le drainage des eaux de pluie ou des écoule- « ments est très intelligemment organisé. J'ai fait à deux reprises « le trajet entier sur une charrette Mallet; la route est parfaite « et facilement praticable pour une diligence.

« 3° *D'Amkeramadinika à Tananarive*. — Cette portion, sur
« laquelle roulent depuis plusieurs mois des charrettes à bœufs
« et des voitures Lefèvre, a demandé beaucoup plus de travail
« que la précédente. Le sol est plus boueux; elle serpente avec
« des courbes assez rapprochées les unes des autres et le besoin
« de garde-fous se fait sentir sur plusieurs points. Les alentours
« des villages sont en très bon état et, sur les derniers kilomètres
« avant Tananarive, on a planté des rangées d'arbres.

« On travaille sur toutes les autres parties, du trajet, et celle
« de *Malaheta à Amkeramadinika* est la moins avancée. »

Ces informations d'un témoin oculaire concordent avec les
renseignements officiels d'après lesquels l'ensemble de la route
sera livré à la circulation au commencement de l'année pro-
chaine.

Le colonel Roques évalue à 3 800 000 francs la dépense nécessaire. Or, comme l'emploi de chariots, même légers, fera immédiatement tomber aux environs de un franc le prix de la tonne
kilométrique, soit un tiers du taux actuel, il en résultera une
économie de 4 000 000 au moins sur les sommes consacrées en un
an aux transports par l'État et les particuliers. La route peut
donc être gagnée en un an.

Un autre résultat que signale le colonel Roques a trait à la
main-d'œuvre. Les indigènes malgaches étaient considérés
comme ne pouvant être des auxiliaires sérieux; ils avaient la
réputation d'être paresseux, peu fidèles et de n'être susceptibles
de se former à peu près qu'au contact d'ouvriers étrangers plus
habiles et plus laborieux. Aussi, au début des travaux, a-t-on
recouru à des Somalis, des Zanzibaristes ou des Chinois.

Les Somalis, inhabiles et querelleurs, n'ont donné aucun
bon résultat. Les Zanzibaristes n'ont rien d'extraordinaire, et les
Chinois seuls ont rendu des services. Mais les Chinois ne con-
sentent à manier la pelle et la pioche que pour réunir un petit
pécule qui leur permette de faire du commerce, et les instincts
mercantiles de cette race sont tellement puissants que plusieurs
de ceux qui avaient été engagés n'ont pas attendu la fin de leur
engagement et ont déserté pour tenter de s'établir sur la côte
avec la modeste somme d'argent qu'ils avaient réunie. Il impor-
tait donc d'éviter les inconvénients de l'invasion asiatique en
n'employant pas aux travaux un trop grand nombre de coolies
chinois et de faire appel, bon gré mal gré, à la main-d'œuvre

indigène. Quelques *Antaymoros* se présentèrent. Cette peuplade était connue et réputée par son aptitude au travail, mais aussi par son inconstance et son caractère facile à effaroucher. Il était admis qu'on ne pouvait compter sur sa collaboration suivie. Or, grâce à la justice et à la patience dont usèrent à leur égard les officiers qui présidaient aux travaux de la route, grâce à la réception que fit le général Gallieni à une équipe qu'on avait réussi à entraîner jusqu'à Tananarive, les Antaymoros se présentèrent en foule aux officiers des chantiers et on en comptait trois mille, à la fin de 1897, employés aux travaux. C'est un très heureux résultat, non seulement pour la rapide terminaison de la route charretière dans les délais prévus, mais pour les travaux bien plus importants qui sont à la veille d'être entrepris.

En dehors de cette principale artère, comme il convient également de mettre en communication facile les divers centres agricoles et commerciaux de la grande île, le général a prescrit aux résidents, gouverneurs et sous-gouverneurs disséminés dans les seize sièges principaux de s'occuper activement de la mise en état des sentiers et des routes et de les améliorer au moyen des *prestations*. Les résidents et gouverneurs accomplissent cette tâche avec intelligence et ont déjà obtenu des résultats satisfaisants.

En résumé, au commencement de 1899, Tamatave sera reliée à Tananarive par une route carrossable sur tout son parcours. Majunga le sera également par un service régulier sur la *Betsiboka*, assuré jusqu'à *Marololo* par une compagnie particulière. On ira de Marololo à Tananarive par la route construite en 1895 et améliorée depuis, ainsi que nous l'avons vu. Fianarantsoa sera reliée à Tananarive par une route carrossable traversant tout le plateau central, c'est-à-dire la région la plus connue de l'île et jusqu'ici la plus fréquentée par nos colons et nos ingénieurs. Plusieurs autres routes seront enfin tracées dans divers cercles et résidences.

Nous pourrons ainsi attendre plus patiemment l'ouverture du *canal des Pangalanes*, de Tamatave à Andevorante, en voie d'exécution, et la construction d'un chemin de fer.

II

LE CANAL DES PANGALANES
LE PARC NATIONAL DE TAMATAVE. — ENSEIGNEMENT
AGRICOLE COLONIAL

Ainsi que nous l'avons déjà indiqué, la zone qui s'étend, au bord de la mer, entre Tamatave et Andevorante est recouverte d'une série de lagunes et forme une nappe d'eau de 100 kilomètres de longueur, coupée de loin en loin par des monticules sablonneux que les Malgaches appellent « pangalanes ».

La *Revue mensuelle*, publiée à Madagascar par les soins du général Gallieni, nous fournit sur l'historique du canal des Pangalanes des renseignements qu'il nous paraît intéressant de résumer. On verra ainsi combien il faut de temps et de patience pour réaliser aux colonies — et même dans la métropole, hélas! — des projets dont l'exécution est ardemment réclamée par l'opinion publique.

Depuis longtemps, les difficultés qu'éprouvent les voyageurs à marcher dans le sable mouvant des grèves et à traverser des terrains marécageux ont fait souhaiter d'utiliser la voie d'eau et de pratiquer des tranchées dans les « Pangalanes », qui constituent le seul obstacle à une navigation ininterrompue le long des côtes; d'ouvrir, en un mot, un canal permettant à des péniches de circuler sans arrêt et sans transbordement de Tamatave à Andevorante.

Bien avant l'occupation de Madagascar par la France, les

Hovas avaient commencé des travaux au pangalane de *Tafinotsy*, mais la légende nous apprend qu'ils s'enfuirent épouvantés quand leurs « Angady » (leurs pioches) atteignirent le banc des roches argileuses, rouges et bleues, qui forment le sous-sol du coteau. Ils crurent que le sang des ancêtres jaillissait du sol pour leur reprocher leur sacrilège. Cette légende est sans doute très poétique, mais nous croyons plutôt que les Hovas hésitèrent à poursuivre une œuvre dont le résultat eût été de faciliter aux étrangers l'accès de leur capitale.

Les événements qui survinrent prouvent, du reste, que notre supposition est vraie.

Après l'expédition de 1884-85 et le mouvement commercial assez actif qui s'ensuivit, de nouvelles tentatives furent faites, mais la mauvaise volonté du gouvernement hova les enraya ; — en 1889, une société se forma régulièrement *pour l'exploitation des transports par eau de Tamatave à Andevorante*, mais les tracasseries du premier ministre — de célèbre mémoire — l'obligèrent à se dissoudre. A partir de cette époque, l'hostilité du gouvernement hova allant toujours grandissant, il ne pouvait plus être officiellement question du creusement du canal ; mais notre colonie de Tamatave caressait toujours l'espoir de son exécution. Aussi, dès la fin de la campagne de 1894-95, un colon, M. Deloute, se rendit en France pour s'y charger de l'entreprise et formula auprès du gouvernement une demande de concession. D'autre part, on se préoccupait avec raison, en France comme dans la grande île, de faciliter le ravitaillement de nos troupes casernées à Tananarive ou réparties sur divers points, et on désirait ardemment la prompte ouverture du canal. On a vu, en effet, ce que coûtait le transport d'une tonne de marchandises et combien insupportables étaient devenues les exigences des « bourjanes ». Aussi M. Palu, conducteur des ponts et chaussées, reçut-il l'ordre du gouvernement, dès son arrivée à Tamatave, de procéder aux études définitives pour l'exécution du canal, et M. Wiart, inspecteur des travaux publics, conclut à l'urgence de l'exécution des plans dressés par M. Palu. Dès le 30 mai 1896, les travaux de percement furent commencés, mais on ne tarda pas à s'apercevoir — ce qu'il était facile de prévoir — que le budget de la colonie ne permettait pas de les mener à bonne fin. Le général Gallieni se rendit sur les lieux, résolut de s'adresser à une entreprise particulière et écrivit dans ce sens à M. le ministre des Colonies. A la date du 6 octobre 1897, M. le Ministre concéda *à la Compagnie française de Madagascar la construction et l'exploitation d'une voie navigable, dite canal des Pangalanes, à établir le long des côtes de Madagascar, entre Tamatave et Andevorante.*

Aux termes du cahier des charges, le concessionnaire a jusqu'au 1er juin 1899 pour la mise en exploitation. La largeur minimum de la voie navigable doit être de quinze mètres au plafond et sa profondeur de 1 mètre.

Les tarifs à percevoir sont établis comme suit :

DÉSIGNATION.	PAR VOYAGEUR.			PAR TONNE.	
	1re CLASSE.	PONT.	BAGAGES.	PETITE vitesse.	GRANDE vitesse.
	fr.	fr.	fr.	fr.	fr.
Par myriamètre de parcours de 0 à 15 myriamètres.	4 »	2 »	10 »	3 »	5 »
Pour chaque myriamètre en plus de 15 jusqu'à 30.	3 »	1 50	8 »	2 25	4 »
Pour chaque myriamètre en plus au delà de 30.	2 »	1 »	5 »	1 50	2 50

La durée de la concession est de 30 ans, à partir du 1er janvier 1900, mais le gouvernement de la colonie aura, à toute époque, le droit de rachat, d'après un prix déterminé d'un commun accord ou à dire d'experts.

Au point de vue de l'exécution, le canal des Pangalanes peut être divisé en cinq parties :

1° D'*Ivondro* à l'extrémité du lac Sarabaking, où l'on utilise successivement l'*Ivondrona* et les lac *Nosy-Véy* et *Sarabaking*.

2° Du grand pangalane de *Antafinotsy* au lac de *Topiano*. On utilise naturellement les travaux déjà exécutés par les Hovas ainsi que le petit lac de *Tafinotsy Kely* à la sortie duquel se trouve le deuxième pangalane de Tafinotsy, qui n'a que 110 mètres de longueur et exige peu de travaux de terrassement.

3° Du deuxième pangalane d'Antafinotsy à *Ampantoamaïzina*[1], on tombe dans des lacs qui ont une profondeur suffisante

1. Un grand nombre de mots malgaches sont d'une longueur désespérante et par conséquent difficiles à écrire et plus difficiles encore à prononcer. De plus, leur orthographe varie suivant les cartes ou les documents que l'on consulte. M. Alfred Grandidier seul est capable de résoudre ce problème ; mais un vieux colon qui, à

jusqu'à la rivière Sapokolona qui leur fait suite et a besoin d'être draguée.

4° D'*Ampantoamaïzina* au lac *Rassoabé* où l'on rencontre deux pangalanes, l'un de 568 mètres de longueur et l'autre de 194 mètres, séparés par un petit lac, sur lequel il y aura peu à faire.

5° Enfin du lac *Rasoabé* à l'*Iaroka*.

La traversée du lac *Rasoamatsé* et Rasoasé et de la rivière Imasoa ne donnera pas lieu à grand travail, mais c'est ici qu'on se heurte au grand pangalane d'*Andavakamerana* qui a 1018 mètres de longueur et exigera un fort coup de collier. On suivra ensuite la rivière *Ranomainty* ou *Ranomite*, qui se jette dans l'Iaroka, à Andevorante, et a une profondeur presque régulière de 4 à 5 mètres. Il n'y aura qu'à l'élargir, surtout à son origine, et à enlever les racines et les herbes qui gêneraient la navigation.

L'Iaroka est navigable d'Andevorante à Mahathsara.

Il résulte, de l'examen des cartes détaillées que l'on a dressées de ces parages et des informations que nous avons puisées à différentes sources, que l'exécution des Pangalanes ne présente pas de très sérieuses difficultés à surmonter.

Telle n'est pas cependant l'opinion d'un de nos collègues du Comité de Madagascar, M. Duportal, ingénieur en chef des ponts et chaussées. M. Duportal a déclaré que le régime des rivières et des lacs, au milieu desquels on veut creuser une voie navigable de 1 mètre de tirant d'eau, est tellement variable, qu'on se berce d'un espoir absolument chimérique. « *Lors de mon pre-* « *mier passage à Ampantoamaïzina,* dit-il, *l'Irungy avait* « *emporté la veille la barre de sable qui bouchait son embouchure* « *et j'ai dû le traverser en pirogue. Bien que le niveau du fleuve* « *se fût abaissé, par cette rupture de la dune, de* 1ᵐ,50 *à* 2 *mètres,* « *il lui restait encore une profondeur de quatre mètres. C'était* « *dans ces profondeurs que le génie construisait un pont en enfon-* « *çant à côté du chemin suivi par la pirogue, des pieux de palé-* « *tuviers de* 7 *à* 8 *mètres. A mon retour, un mois après, le pont* « *était terminé, mais on passait dessous à pied sec.* »

force de labeur, est arrivé à un résultat à peu près satisfaisant au double point de vue de la marche de ses affaires et de la connaissance de la langue malgache, nous racontait dernièrement qu'il a lu, dans une ancienne grammaire franco-malgache, cette règle de principe figurant en tête du livre : « *Tous les mots malgaches se ter-* *minent par une voyelle euphonique... qui ne se prononce pas* ».

Ivondro*(village)*
Ivondrona R.

Ambodisimy
Irangabe
Fandriampapandy
(6ᵉ village)
Ambavarano
(25 c.)
Am

atamalaoha
(20 c.)
bodimanga
anomamy
(5 c.)
nomamy-Kéby
(10 c.)
rongano
(4 c.)

I   N   D   I   E   N

Ambodiaviavy
Lac de Sarabakin

ina
c.)

Tanifotsy*(35 c.)*
(1ᵉʳˢ pangalanes.)

panirame
(30 c.)

Iran

Antranokoditra
(25 c.)
L. Marobé
Ancienne embouchure
Takalampy
Ambomalafo

O   C   É   A   N

Embouchure actuelle et pont
Ambila
Rassoa-bé

Ampantomaizina
(20 c.)
(2ᵉˢ pangalanes)

Rassoa-massé

Vavony
(35 c.)

Imasoa

Andavakemanarana*(30 c.)*
(3ᵉˢ pangalanes)

Ranamito R.

Canal

des

Pangalanes

Andevorant
(200 c.)
Tanimandi

roka Fl.

Nous ne saurions avoir la prétention d'opposer notre opinion à celle de M. Duportal, dont la compétence, en !matière de travaux publics, est très supérieure à la nôtre, mais nous sommes obligé de constater que bon nombre de gens du métier ne pensent pas comme lui.

En résumé, du village d'*Ivondro*, situé à douze kilomètres au sud de Tamatave, jusqu'à Andevorante, la nappe d'eau est coupée par cinq monticules de sable, dont le plus étroit mesure 100 mètres de largeur et le plus important 1 018 mètres, sauf la section marécageuse, de huit à dix kilomètres d'étendue, qui précède Andevorante, et que traverse la rivière Ranomainty, toutes les autres parties de cette nappe d'eau sont formées par des lacs vastes et suffisamment profonds.

Nous avons appris à regret que les travaux sont poussés avec une extrême mollesse et que, depuis la signature de la convention, non seulement il a été accompli peu de besogne, mais que les approvisionnements de matériel et les mesures de prévision indispensables à toute grande entreprise laissent à désirer. Il ne faut pas oublier, cependant, que la mise en exploitation est fixée au 1ᵉʳ janvier 1900 et il nous semble difficile, qu'en suivant les errements actuels, la Compagnie concessionnaire puisse terminer son œuvre dans les délais prévus par le cahier des charges.

M. Duportal, dont je viens d'avoir l'honneur de parler, combat non seulement le canal des Pangalanes, mais il est tellement enthousiasmé par la végétation luxuriante de cette partie de Madagascar qu'il veut en faire un « *Parc National,* le *Jardin de France* ».

Nous ne résistons pas au plaisir de reproduire le tableau poétique et séduisant qu'il en a tracé.

« *Je connais,* écrit M. Duportal, *les admirables paysages des*
« *oasis du Sahara : rien, parmi les plus belles, ne peut donner*
« *une idée de l'effet merveilleux que produit, de la rade, la fron-*
« *daison tropicale sous laquelle s'abrite Tamatave.* . . . . .
  « . . . . *J'avais devant ma porte deux beaux*
« *orangers en fleurs et les palmes d'un grand cocotier aux fruits*
« *gros comme une citrouille et suspendus comme un gland...*
« *Rien n'est plus charmant que de parcourir en filanzane cette*
« *région couverte d'une belle végétation, par un sentier sablé qui*
« *vous conduit alternativement du rivage salé au rivage d'eau*

« *douce. Ici, tous les végétaux que l'on peut reconnaître, ceux que*
« *l'on a vus frêles et chétifs dans les serres les mieux soignées,*
« *ont une vigueur et des proportions inconnues et servent de repères,*
« *à travers toute une flore nouvelle, aux fruits, aux fleurs, aux*
« *feuillages étranges.*

« *A côté de la symétrie parfaite de l'involution des Pandanus,*
« *viennent se suspendre les gracieux festons des lianes les plus*
« *variées et les éclatantes corniches des orchidées.*

« *De temps en temps, des clairières en prairies apportent de*
« *la lumière sous les voûtes sombres du chemin; et, durant trois*
« *jours, on a l'impression que l'on parcourt un parc dont M. Al-*
« *phand a tracé les grandes lignes ou plutôt que, s'il était là, il*
« *serait peut-être malheureux de voir que la nature fait mille fois*
« *mieux que lui ce qu'il savait pourtant si bien faire.*

« *On pourrait là, sur une vaste échelle, faire tous les essais*
« *d'acclimatation utiles à la France ou à la colonie. Tout est à*
« *étudier, depuis les parfums, les laques et les épices jusqu'à ce*
« *merveilleux ver à soie du Betsileo, qui se nourrit des feuilles*
« *d'une légumineuse arborescente et fournit un tissu qui manque*
« *à la gloire de notre fabrication lyonnaise.* »

Nous ne voyons pas en quoi le canal des Pangalanes pourrait
entraver la réalisation du rêve formé par M. Duportal et la création de son Parc national. Peut-être serait-il un peu éloigné de
la métropole et ne recevrait-il pas beaucoup de visiteurs. Quoique
le goût des voyages commence à se répandre, nous n'en sommes
pas encore arrivés à partir pour Tamatave, comme l'on va à
Houlgate ou à Biarritz. Aussi, donnerai-je la préférence à un
plan dont un habitant de Nantes a pris la généreuse initiative et
qui me paraît plus pratique et mieux adapté à nos mœurs généralement trop casanières.

A maintes reprises, nous avons été amené à constater un
double obstacle qui paralyse l'essor et le succès des entreprises
coloniales, surtout pour la mise en valeur agricole de nos possessions : c'est, en premier lieu, l'absence d'un enseignement
destiné à préparer les aspirants colons à leur future existence;
en second lieu, d'un établissement botanique destiné à propager
dans nos colonies les meilleures variétés de végétaux et plus
encore à procurer aux colons les sources d'informations indispensables à la création et à la réussite de leurs exploitations.

Cette double lacune se fait d'autant plus vivement sentir que, de jour en jour, nous voyons s'augmenter le nombre de jeunes gens appartenant aux classes aisées de la société qui subissent l'attraction de la vie coloniale et que l'encombrement des carrières dans la métropole détourne vers elle. Or, cette lacune va être comblée.

M. Durand-Gosselin a, au début de cette année, informé le préfet de la Loire-Inférieure qu'il mettait à sa disposition :

1º Un domaine de 35 hectares, situé aux portes de Nantes, avec bâtiments, maison, dépendances, etc., d'une valeur de 400 000 francs ;

2º Une somme de 300 000 francs pour la création d'une école d'horticulture ;

3º Un million de francs pour la construction de serres destinées aux cultures coloniales et à l'aménagement du domaine.

Le Conseil général, saisi de cette proposition, a manifesté l'intention de donner dans la création projetée une part prépondérante à l'enseignement des cultures coloniales et nous espérons que, grâce à la libéralité de M. Durand-Gosselin, notre pays ne tardera pas à être doté d'une institution dans le genre du collège colonial d'Holleslay Bay et de l'Institut botanique de Kew, en Angleterre.

Nous savons bien que de savants spécialistes, comme M. Dybowski, n'ont aucun goût pour l'enseignement agricole colonial pratiqué dans la métropole et qu'ils soutiennent que ce genre de connaissances ne peut s'acquérir que sur place. Nous nous permettrons de leur répondre qu'il en est de l'enseignement agricole colonial comme de tous les enseignements. Il faut d'abord commencer par acquérir des connaissances générales avant de se spécialiser et d'être apte à pratiquer telle ou telle culture.

Les meilleurs élèves de l'École polytechnique ou de l'École centrale seraient fort embarrassés si on les chargeait, au sortir de l'Ecole, de construire un pont ou un chemin de fer ; ils ont besoin, pour assumer cette responsabilité, d'acquérir de l'expérience et de faire de nouvelles études qui leur paraîtraient singulièrement ardues s'ils n'y avaient pas été préparés. L'élève le plus brillant de l'École de Grignon éprouverait la plus vive anxiété s'il avait à diriger, du jour au lendemain, une grande exploitation agricole en France. Les lauréats de nos écoles supérieures de commerce perdraient certainement la tête s'ils devaient immédiatement diriger une grande maison de commerce ; mais après quelques années passées dans les bureaux et dans les agences, ils en seront parfaitement capables et tout ce qu'ils auront appris à l'école leur sera d'une extrême utilité.

Si, dans nos facultés de médecine, auprès desquelles se trouvent des hôpitaux riches en maladies exotiques, on instituait un enseignement et une clinique affectés aux jeunes docteurs qui se destinent aux colonies, ne leur rendrait-on pas à eux et à leurs futurs malades un immense service? Ne seraient-ils pas bien mieux préparés à leurs fonctions qu'ils ne le sont actuellement?

La plante humaine a besoin, comme les autres plantes, d'être soigneusement cultivée et on ne la transporte pas impunément des bords du lac du bois de Boulogne sur ceux du lac Tchad, ou même du lac Alaôtra, à Madagascar. Puisqu'on prend de la peine pour acclimater les plantes, il me semble que ce serait bien le moins qu'on entourât d'une égale sollicitude les jeunes Français qui s'expatrient et qu'on leur donnât l'instruction et l'éducation nécessaires pour vivre sous ces climats anémiants. Les facultés de médecine coloniale devraient donc avoir un double mandat : 1° fournir aux jeunes docteurs coloniaux une instruction spéciale pour leur carrière; 2° apprendre aux fonctionnaires et agents coloniaux ce qu'il leur est indispensable de savoir pour vivre dans les pays tropicaux et pour se soigner intelligemment quand, après un séjour prolongé aux colonies, ils retournent dans la mère patrie rétablir leur santé et reprendre des forces nouvelles.

Le métier de commerçant ou d'agriculteur-colon est un métier comme les autres, plus difficile même que les autres. Il faut donc l'apprendre et c'est à la mère patrie à fournir cette instruction et cette éducation.

On croit assez généralement dans notre pays qu'un homme peut embrasser ces carrières sans préparation, même quand il a été reconnu impropre à toutes les autres ou qu'il a passé sa jeunesse dans l'oisiveté et la débauche. C'est une erreur absolue; elle est cause de bien des insuccès et de cruels déboires.

Pour en revenir à l'enseignement agricole colonial, celui qu'on donnerait dans la métropole ne devrait en aucune façon empêcher le développement des jardins d'essai spéciaux dans chacune de nos colonies ou dans nos pays de protectorat; on continuerait à y étudier les essences propres à chaque climat, à chaque nature du sol, et les savants et les hommes pratiques établis sur les lieux pourraient donner libre carrière à leurs utiles travaux.

Cette digression, dont M. Duportal est surtout responsable, nous a été également inspirée par la discussion qui vient d'avoir lieu au Congrès national des Sociétés de géographie, tenu à Marseille du 18 au 25 septembre dernier, et dans laquelle M. Dybowski a combattu avec autant d'entrain que d'éloquence la création, dans certaines de nos universités, de chaires d'enseignement agricole colonial, que nous appelons au contraire de tous nos vœux.

Du reste l'administration des colonies n'est pas restée indifférente à cette idée et un rapport de M. Chapsal, publié par l'*Officiel* du 16 octobre, rappelle qu'elle a prescrit, à ce sujet, diverses études, parmi lesquelles les plus fécondes en résultats ont été les missions de M. Lecomte aux Antilles et à la Guyane; de M. de Bourie au Congo, et de M. Milhe-Poutingon aux jardins d'essai de Kew, de Bruxelles et de Berlin.

« Les conclusions de M. Milhe-Poutingon, en particulier, con-
« signées dans un rapport très détaillé, ont paru mériter, dit ce
« rapport, un examen des plus sérieux.

« Toutefois, quelque intéressantes que paraissent les propo-
« sitions formulées dans ce rapport, on ne saurait les adopter
« avant d'avoir pris l'avis des savants et des spécialistes les plus
« autorisés en la matière. »

En conséquence, une commission a été nommée par le ministre et elle se compose de MM. Milne-Edwards, membre de l'Institut, directeur du Muséum d'histoire naturelle, président; Risler, de l'Institut national agronomique; Cornu, professeur au Muséum d'histoire naturelle; Grandidier, membre de l'Institut; Viala, professeur à l'Institut normal agronomique; Rivière, directeur du Jardin d'essai d'Alger; Lecomte, professeur d'histoire naturelle au lycée Saint-Louis; Milhe-Pontingon, directeur de la *Revue des cultures coloniales;* Camille Guy, chef du service géographique et des missions au ministère des Colonies.

Cette commission devra donner son avis sur les deux points suivants :

1° Sur le principe même de la création d'un établissement métropolitain destiné à étudier les cultures nationales;

2° Sur les voies et moyens à adopter en vue d'organiser l'établissement dont il s'agit.

III

LES PROJETS DE VOIE FERRÉE

De très nombreux projets de voie ferrée ont déjà vu le jour : nous ne nous occuperons en détail que de ceux ayant fait l'objet de conventions passées entre le gouvernement et leurs auteurs et de projets de loi déposés sur le bureau du parlement.

En mars 1896, la Société des Batignolles envoya à Madagascar plusieurs de ses ingénieurs, sous la direction de M. Duportal, ingénieur en chef des ponts et chaussées, pour faire des études préparatoires d'une voie ferrée de Tamatave à Tananarive. Nous avons eu l'honneur de présider, dans la salle de la Société de Géographie de Paris, une conférence dans laquelle M. Duportal a rendu compte de sa mission. Le savant ingénieur a vivement intéressé le nombreux public qui l'écoutait par le spirituel récit de son voyage et les réflexions les plus originales et les plus variées. Comme on l'a vu déjà, l'étude des sciences positives, qu'il a poussée fort loin, n'a porté aucune atteinte à la fibre poétique d'un digne fils des félibres et des cadets de Gascogne.

Quand il a abordé la question du chemin de fer, M. Duportal a conclu à une garantie d'intérêt de la part de l'État.

« *Comment*, disait-il, *lorsqu'en France, tout notre réseau de* » *chemins de fer n'a pu constituer son capital que grâce à l'ap-* » *pui du crédit incontesté de l'État, lorsque, même sans sortir de* » *la métropole, on ne construit encore aucune ligne sans la garan-* » *tie de l'État, des départements ou des communes, pourrait-on, à* » *Madagascar, arriver à se passer d'une signature qui suffit pour*

» *réduire de moitié les intérêts à payer? quand, sans courir*
» *aucuns risques, en donnant une garantie minime, après des*
» *études sérieuses, on peut, du jour au lendemain, doubler la*
» *quantité du capital prêt à partir pour les colonies, le parle-*
» *ment refuserait systématiquement l'attestation de sa confiance,*
» *préférerait sacrifier les droits de la nation sur des travaux*
» *d'utilité publique et amoindrir son droit de contrôle là où il*
» *est plus nécessaire que partout ailleurs? — Je ne puis le croire.* »

Si notre honorable collègue avait fait partie, comme nous,
de la Chambre des députés et de la Commission du budget, il
ne se serait pas posé cette question et aurait reconnu que le
parlement est absolument hostile à cette façon de procéder.

M. Duportal cherche à tirer argument de la conversion de la
dette malgache; mais, qu'il nous permette de lui dire que l'assi-
milation de cette opération à une garantie d'intérêt pour une
entreprise de travaux publics, ne nous paraît pas juste. En con-
vertissant les 15 millions de la dette malgache, qui portait intérêt à 6 p. 100, en 2 1/2, l'État réalisait d'abord une économie
qui n'est pas minime et il se trouvait en face d'une dette connue; il pouvait mesurer en quelque sorte la limite et la portée
de ses engagements. Il n'en est point de même en matière de
garantie d'intérêt pour l'exploitation d'une ligne de chemin de
fer, qui peut fort bien ménager des surprises cuisantes et répétées, auxquelles le budget de l'État ne saurait être exposé. De
plus, l'application de la garantie d'intérêts à la principale ligne
à construire à Madagascar aurait eu pour conséquence presque
certaine l'impossibilité de recourir à un système différent pour
les concessions des autres chemins de fer, dont la construction
est indispensable à la mise en valeur et à la prospérité de l'empire colonial de la France.

Le ministre des Colonies a donc prudemment agi en ne s'en-
gageant pas dans une voie qui l'aurait conduit à un échec certain.

Plus nous avançons dans la vie et plus nous serrons de près
les questions commerciales et coloniales, plus nous serions dési-
reux de nous dégager de la tutelle de l'État et de ne compter
que sur notre initiative et nos ressources propres. Bien entendu,
si nous redoutons la tutelle effective de l'État, nous ne crai-
gnons pas moins son hostilité et nous dirons dans nos conclusions sous quelle forme nous souhaiterions que cette tutelle se

manifestât, dans quel ordre d'idées générales et élevées elle serait efficace et devrait s'exercer.

Il fallait donc chercher autre chose que la garantie d'intérêt, et, toujours dans les premiers mois de 1896, M. de Coriolis, natif de Maurice, et membre du conseil de gouvernement de cette île, s'était rendu à Madagascar auprès de M. Laroche pour demander la concession à perpétuité d'une voie ferrée de Tamatave à Tananarive, qu'il s'engageait à construire sans garantie d'intérêt et sans subvention d'aucune sorte.

M. de Coriolis proposait en outre d'établir des magasins et entrepôts généraux, une fabrique de conserves de viandes et station agronomique pour le développement de la culture du café, cacao, thé, etc.

Le chemin de fer à voie étroite de 1 mètre aurait porté des machines de 24 tonnes, avec une vitesse commerciale de 25 kilomètres à l'heure.

Il était attribué à M. de Coriolis en toute propriété (fonds et tréfonds) 25 mètres de terrain de chaque côté de la voie, 20 hectares à chaque station.

En plus, 300 000 hectares dont 100 000 dans la vallée du Mangoro, et 200 000 au choix.

Les fleuves, rivières et chutes d'eau étaient donnés en toute propriété.

Les tarifs des marchandises par tonne kilométrique étaient les suivants :

1re catégorie . . . . Fr.	1 »
2e —	0 75
3e —	0 50

Pour les voyageurs, par kilomètre :

1re classe.	0 40
2e —	0 30
3e —	0 20

Le capital de la compagnie devait être au moins de 50 millions de francs, avec faculté de le porter à 100 millions.

M. Laroche se montra favorable à ce projet et signa même une convention provisoire à la date du 20 juillet 1896 ; mais, la nationalité de M. de Coriolis et l'importance de la concession qu'il réclamait soulevèrent en France de très nombreuses et très vives protestations. M. de Coriolis chercha alors à réaliser son projet avec des capitaux français, fit d'abord un appel infructueux auprès de gros banquiers de province et finit par réussir auprès de très honorables capitalistes, appartenant au haut commerce bordelais, qui constituèrent une société, dite *Société française d'Études et d'Explorations à Madagascar*, et réunirent un premier capital d'études s'élevant à la somme de 300 000 francs.

Une convention beaucoup plus serrée que celle passée entre M. Laroche et M. de Coriolis intervint entre le gouvernement et la compagnie bordelaise, et un projet de loi fut déposé le 11 mars 1897. Dans l'exposé des motifs, M. Lebon cherchait à répondre d'avance aux objections que ne manquerait pas de soulever dans le parlement l'étendue de la concession territoriale réclamée. La surface concédée par le traité était de 520 000 hectares, soit près de 2 000 hectares par kilomètre de chemin de fer. Cette proportion est sensiblement égale à celle qui a été admise aux États-Unis pour les lignes de *Union-Pacific*, du *Central-Pacific* et du *Kansas-Pacific* et très inférieure à celles admises pour le *Texas-Pacific* et le *Northern-Pacific*.

M. Lebon faisait valoir que ce système de concession de terres avait exercé en Amérique une influence très heureuse sur le développement de l'industrie des chemins de fer et de la colonisation, dont ils sont devenus les instruments les plus actifs, en ouvrant à l'immigration les vastes territoires situés à l'ouest du Mississipi. Les terres de cette région ne pouvant acquérir de valeur qu'autant qu'elles seraient habitées et cultivées, l'abandon d'une partie de ces terres aux compagnies de chemins de fer était le moyen le plus simple de leur venir en aide, en tenant compte de la plus-value qu'elles étaient appelées à créer. En revanche, le chemin de fer étant l'un des facteurs essentiels de la mise en valeur des territoires nouveaux, c'était lui faciliter sa fonction et, en même temps, l'intéresser au succès de son rôle que de lui donner, à charge de revente aux colons, des terres libres dans les régions qu'il ouvre à l'immigration.

Malgré cet exemple fort probant — bien que les conditions de colonisation ne soient pas tout à fait les mêmes à Madagascar qu'au Mississipi — la nouveauté du système a tellement préoccupé l'opinion publique, le monde financier et le parlement qu'il a été impossible à la Société Bordelaise de constituer son capital définitif, comme le ministre l'avait invitée à le faire, et bien qu'il ait été réduit à 30 millions. Le gouvernement, d'accord avec elle, a retiré le projet de loi approuvant la concession qui lui était accordée.

Une 'autre société, la *Société auxiliaire de la colonisation à Madagascar*, présidée par M. Jules Plassard, présenta au ministre un projet de convention relatif à la concession d'une route à péage, pouvant être ultérieurement convertie en une ligne de chemin de fer entre Fianarantsoa et la côte est de Madagascar. Le ministre accueillit favorablement cette convention, la signa et déposa un projet de loi en portant approbation, dans la séance de la Chambre des députés du 16 janvier 1897. « Il y a un intérêt de « premier ordre — lit-on dans l'exposé des motifs — à ouvrir au « pays betsiléo, riche, cultivé et peuplé, un débouché vers la « mer. Cette entreprise ne comprend que 200 kilomètres de route, « dont le tracé, déjà étudié sommairement, ne comporte la con- « struction d'aucun ouvrage exceptionnel, et l'accès de la côte, « dans cette région, est relativement facile pour la navigation [1]. » Pour que le capital de construction fût rémunéré, il était néces- saire que le concessionnaire pût retirer un profit direct des trans- ports devant s'effectuer par la route, et, par suite, qu'il lui fût accordé le droit de percevoir un péage. Les bénéfices devant résulter de la perception du péage et de l'exploitation du ser- vice des transports eussent été aléatoires, si le concessionnaire avait été exposé à la concurrence. La *Société auxiliaire* avait donc demandé qu'il fût accordé un monopole pour les transports entre le pays betsiléo et la côte est, mais la colonie se réservait le droit de supprimer en tout temps le monopole par le rachat de la concession. Le développement du trafic devait avoir pour conséquence du reste l'extension des moyens de transport. La construction d'un chemin de fer était, en vertu du contrat, obligatoire pour la Société dès que le trafic annuel atteindrait 40000 tonnes. Indépendamment du droit de percevoir des taux de péage et de transport, la Société demandait une concession de 20 000 hectares de terre à choisir par elle sur le parcours de a route ou dans la région de Fort-Dauphin. La durée de la con- cession était de quarante-neuf ans qui commenceraient à cou- rir : pour la route, à dater de la ratification du traité ; pour le chemin de fer, à partir de sa mise en exploitation. Le comité

1. Ainsi qu'on le verra plus loin, les avis sont très partagés sur ce point.

technique des travaux publics des colonies avait approuvé le texte de la convention et du cahier des charges, et la commission permanente du Conseil supérieur des colonies avait également donné un avis favorable.

Comme le projet de loi tardait à venir en discussion devant le parlement, la *Compagnie auxiliaire* envoya une nouvelle mission à Madagascar, qui débarqua à Tamatave le 15 mai 1897 et qui était chargée non seulement de parachever les études relatives à la route de Fianarantsoa à la mer, mais d'examiner si l'établissement immédiat d'un chemin de fer sur le même tracé n'était pas préférable. La mission arriva, en effet, à cette conclusion et émit de plus l'avis que l'embouchure du fleuve *Faraony*, à 50 kilomètres au sud de *Mananjary*, permettait la construction d'un port sûr. Au mois de mars 1898, la Compagnie auxiliaire fit de nouvelles propositions au ministre consistant : dans l'établissement d'un chemin de fer partant du village d'*Ambinany*, à l'embouchure du Faraony, traversant le massif montagneux d'*Icongo*, atteignant *Fianarantsoa* par *Sasinaka* et *Vinanitello* et le plateau central de Tananarive par *Ambositra*.

Il ne fut pas donné suite à cette proposition, sans doute parce qu'il s'était formé un groupe partisan de la construction directe par l'État et que, pour donner satisfaction au désir exprimé par cette fraction du Parlement, le ministre avait confié à un officier du génie, attaché au corps de Madagascar, les études d'un chemin de fer de Tamatave à Tananarive pour le compte de l'État.

Le lieutenant-colonel Roques, alors commandant, et dont nous avons eu déjà l'honneur de parler, s'acquitta de son mandat avec autant de talent que de dévouement — ce qui est de règle dans notre armée — et voulut bien rendre compte de sa mission dans une conférence, à l'Union Coloniale et au Comité de Madagascar, le 28 février 1898.

Le lieutenant-colonel Roques ne se faisait aucune illusion sur les difficultés à surmonter, l'importance de la dépense, l'inopportunité de la construction directe par l'État et l'impossibilité, pour la colonie, de supporter une charge aussi lourde. Si les ressources de la colonie ne lui ont pas permis le creusement du canal des Pangalanes, à plus forte raison étaient-elles impuissantes à aborder la construction d'un chemin de fer qui est une œuvre autrement difficile, compliquée, coûteuse et aléatoire. Aussi le gouvernement abandonna-t-il le système de la construction

directe et le ministre prêta-t-il une oreille favorable aux propositions qui lui furent adressées par la *Compagnie Coloniale de
Madagascar*, qui est une sorte de consortium entre plusieurs des
principales Sociétés de crédit de France et dont le président est
M. Théodore Mante.

Une convention intervint entre le ministre et la Compagnie
Coloniale et un projet de loi fut déposé par le gouvernement le
22 mars 1898.

Voici les principales clauses du traité :

Il est accordé à la Compagnie Coloniale :

1° La concession pour quatre-vingt-dix-neuf ans d'un chemin
de fer de Tananarive à la mer avec terminus actuel près *Anive-
rano* ou *Andevorante*, sur la rivière Yaroka ou sur le canal dit
« des Pangalanes » ;

2° La concession de la section du chemin de fer comprise
entre le point terminus ci-dessus indiqué et Tamatave, mais
avec faculté pour le concessionnaire de différer la construction
de cette section jusqu'à ce que le trafic de la section de Tananarive à la mer ait atteint une recette brute de 44 000 francs par
kilomètre ;

3° La concession éventuelle du canal dit « des Pangalanes » ;

4° La concession éventuelle d'un port à établir, soit sur une
des lagunes ou sur un des lacs qui bordent la mer, soit sur la mer ;

5° La concession de terres à choisir par la Société et des
mines que peut renfermer le sous-sol de ces terres.

Pour garantir la Société contre une concurrence qui serait
ruineuse pour elle sans présenter d'avantages pour la colonie,
celle-ci s'interdit de construire ou de concéder, pendant toute la
durée de la concession, aucun chemin de fer ou aucune voie de
communication autres que des routes ou canaux, reliant Tananarive à la mer, entre *Fenerive* et *Mahanoro*. La Société aura, en
outre, mais pendant quinze ans seulement, un droit de préférence
pour les embranchements reliant sa ligne soit à la mer, soit à
un point quelconque de l'Emyrne, et pour toute autre ligne aboutissant à Tananarive.

Les propositions de la Compagnie Coloniale ont pour base
essentielle la garantie, pendant les quinze premières années de
l'exploitation, d'un produit minimum du montant annuel des
transports effectués pour le compte de l'Etat et de la colonie. Le
chiffre garanti est de 2 800 000 francs par an.

On ne pouvait demander à une compagnie sérieuse d'accepter la charge d'une pareille entreprise sans avoir fait vérifier sur place les projets dressés par les soins de l'administration et sans avoir étudié les ressources en main-d'œuvre, matériaux, etc., dont elle pourra disposer. Mais les études déjà accomplies ont permis de réduire le délai d'option au strict nécessaire. Quelle que soit la date à laquelle le projet de loi viendra en discussion, et même s'il n'était pas discuté en temps utile, le gouvernement reprendra sa liberté d'action le 15 avril 1899, dans le cas où le traité ne serait pas devenu définitif à cette date.

Quant aux tarifs acceptés par la Compagnie Coloniale, ils comportent, par rapport à ceux qui figuraient sur la convention passée avec la Compagnie Bordelaise, une réduction pour le trafic d'exportation de 1/4 sur les marchandises classées dans la première catégorie, de 1/3 pour celles de la deuxième catégorie, et de moitié pour celles de la troisième. En outre, un tarif spécial de 0,10 par tonne et par kilomètre a été établi pour le riz à l'exportation. Enfin, le cahier des charges stipule pour les tarifs maxima des abaissements dont l'importance augmentera progressivement avec les recettes.

Cette question des tarifs est assez importante pour que nous n'hésitions pas à donner en note le texte du cahier des charges (Titre III) [1].

Telles sont les grandes lignes de la convention passée entre le gouvernement et la Compagnie Coloniale et qui est annexée au projet de loi dont notre ancien collègue, M. Descubes, a été le

TITRE III
TARIFS
ARTICLE 29.

Tarifs à percevoir. — Pour indemniser le concessionnaire des travaux et des dépenses qu'il s'engage à faire, en exécution du présent cahier des charges et sous la condition expresse qu'il en remplira toutes les obligations, il est autorisé à percevoir pendant toute la durée de la concession les droits de péage et les prix de transport dont le maximum net d'impôts est déterminé ci-après :

Voyageurs, Bagages et Messageries.

a) Jusqu'à ce que la recette brute cumulée des voyageurs des bagages et des messageries ait atteint 5 000 francs par kilomètre et par an :

Voyageurs.
{ 1re classe : 0 fr. 50 par voyageur et par kilom.
{ 2e   —   0 fr. 30   —   —
{ 3e   —   0 fr. 20   —

rapporteur, — au nom d'une commission de trente-trois membres chargée de l'étudier. Le rapport fut déposé sur le bureau de la Chambre le 28 mars 1898, imprimé et distribué selon l'usage, mais il a partagé le sort attaché à presque tous les rapports con-

Bagages et messageries, 0 fr. 20 par 100 kilog. et par kilomètre,

b) Lorsque la recette brute cumulée des voyageurs, des bagages et des messageries aura dépassé 5 000 francs par kilomètre et par an pendant trois années consécutives :

Voyageurs. $\begin{cases} 1^{er} \text{ classe : 0 fr. 45 par voyageur et par kilom.} \\ 2^e \quad — \quad 0 \text{ fr. 25} \quad — \quad — \\ 3^e \quad — \quad 0 \text{ fr. 15} \quad — \quad — \end{cases}$

Bagages et messageries, 0 fr. 15 par 100 kilogr. et par kilomètre.

Petite vitesse.

a) Jusqu'à ce que la recette brute totale ait atteint 24 000 francs par kilomètre et par an pendant trois années consécutives :

Marchandises. $\begin{cases} \textit{A l'importation et pour le trafic local :} \\ 1^{re} \text{ catégorie : 1 fr. } » \text{ par tonne et par kilogr.} \\ 2^e \quad — \quad 0 \text{ fr. 75} \quad — \quad — \\ 3^e \quad — \quad 0 \text{ fr. 50} \quad — \quad — \\ \textit{A destination de Tamatave} \\ \textit{ou de tout autre point d'exploitation :} \\ 1^{re} \text{ catégorie : 0 fr. 75 par tonne et par kilogr.} \\ 2^e \quad — \quad 0 \text{ fr. 50} \quad — \quad — \\ 3^e \quad — \quad 0 \text{ fr. 25} \quad — \quad — \end{cases}$

b) Lorsque la recette kilométrique aura dépassé 24 000 francs par an pendant trois années consécutives, les tarifs des trois premières catégories à l'importation et pour le trafic local et des deux premières à destination de Tamatave ou de tout autre point d'exportation, seront abaissés respectivement ¿d'un vingtième des chiffres ci-dessus pour chaque accroissement de 3 000 francs de la recette brute kilométrique annuelle qui se sera maintenue pendant deux années de suite jusqu'à ce que, par suite de ces abaissements excessifs, lesdits tarifs aient été diminués de 60 p. 100.

A partir du même moment, le tarif de 0 fr. 25 de la troisième catégorie à destination de Tamatave ou de tout autre point d'exportation sera abaissé de un dixième pour chaque augmentation de 3 000 francs de la recette qui se sera maintenue pendant deux années consécutives jusqu'à ce que par suite de ces abaissements ce tarif soit réduit de 40 p. 100.

Les abaissements stipulés ne sont pas appliqués aux tarifs spéciaux en vigueur en tant toutefois que ces tarifs ne constitueront pas un relèvement des taxes ainsi réduites.

Le concessionnaire aura la faculté de rétablir partiellement ou totalement les tarifs ainsi abaissés chaque fois que la recette brute kilométrique aura diminué de 3 000 francs pendant deux années consécutives. Dans ce cas, il rétablira le tarif immédiatement précédent.

Art. 30.

Tarifs spéciaux pour les services publics. — Après l'expiration d'un délai de quinze ans à partir de l'ouverture du chemin de fer à l'exploitation jusqu'à Tana-

cernant des questions d'affaires et n'a pas été discuté. La Chambre, absorbée par des interpellations d'ordre purement politique, trouve difficilement le temps d'aborder les questions commerciales ou coloniales et ne fait d'exception que lorsqu'il s'agit de

narive, mais seulement dans le cas où le montant des recettes kilométriques annuelles atteindrait au moins 24 000 francs, il sera accordé pour les services publics une réduction de 25 p. 100 sur les tarifs maxima, voyageurs et marchandises, en vigueur, sans toutefois qu'il puisse en résulter pour le concessionnaire l'obligation d'effectuer aucun transport à un prix inférieur à 0 fr. 15 par tonne et par kilomètre. Cette disposition n'est pas applicable à la section Aniverano-Tamatave pour laquelle l'article 13 de la convention prévoit l'application des tarifs pleins de de l'article 29.

Les trains spéciaux mis en circulation sur réquisition militaire donneront droit à une perception supplémentaire de 2 fr. 50 par kilomètre en sus des taxes correspondant aux transports effectués (voyageurs et marchandises) avec minimum de perception de 5 francs par kilomètre.

ART. 31.

Classification des marchandises. — Il y aura deux classifications distinctes : l'une pour l'importation et le trafic local, l'autre pour le trafic à destination de Tamatave ou de tout autre point d'exportation.

A l'importation ou pour le trafic local, la classification est ainsi arrêtée en principe :

Première catégorie. — Étoffes et tissus de toute nature, vêtements et chaussures, mercerie, boucherie, produits et denrées alimentaires, fruits et légumes verts, farines, liquides, vins et liqueurs, bière, rhum, alcool brut, café, thé, cacao et chocolat, épiceries et conserves, poissons frais et salés, ébénisterie, meubles en bois ou en fer, armes, munitions, aciers, cuivres, fers et plombs ouvrés, métaux travaillés, chaudronnerie, outils, verrerie, verres à vitre, miroiterie, faïences, porcelaines, quincaillerie, droguerie, produits chimiques et acides, couleurs et teintures, produits d'éclairage, huiles et lampes, vannerie, carrosserie, cuirs, objets de librairie, instruments de musique, plumes, cotons, tabacs, graines de semence, poteries, bimbeloterie, papiers, coutellerie, horlogerie, et en général tous produits bruts ou manufacturés d'Europe dont la valeur à Tamatave, par addition du cours moyen en Europe et du fret, assurances, droits de douane, droits intérieur de consommation et autres, est égale ou supérieure à 800 francs la tonne.

Deuxième catégorie. — Produits manufacturés de valeur inférieure à 800 francs la tonne, matériaux de construction de valeur, produits agricoles de valeur en général et notamment :

Métaux bruts, toiles goudronnées, graisses et suifs, faïences de revêtement, couvertures et charpentes, marbres, bitumes, charbon de bois, houblon, sel, eaux minérales.

Troisième catégorie. — Les gros matériaux de construction, les combustibles, les matières premières brutes en général et notamment :

Tuiles et briques, chaux, ciments et plâtres, pierres et pavés, sable, bois bruts, charbon de terre, coke, terre glaise, minerais, pailles et foins, engrais, blés et céréales, maïs, riz.

A destination de Tamatave ou de tout autre port d'exploitation, la classification est ainsi arrêtée en principe :

Première catégorie. — Étoffes et tissus de toute nature, en pièces ou manufacturés, vêtements et chaussures, liquides, eaux, vins et liqueurs, chocolat, ébénis-

majorer un droit de douane. Dans ce cas spécial, la discussion n'est pas longue et l'opération rapidement exécutée, toujours au nom de l'agriculture que nous nous garderons bien de rendre responsable de tout le mal qu'on fait en son nom. Cette méthode de travail n'est pas un des moindres inconvénients de la façon singulière et attristante dont nous croyons devoir comprendre et pratiquer le régime parlementaire.

Malgré ces regrettables atermoiements, la Compagnie Colo-

terie, meubles en bois ou fer, armes et munitions, métaux ouvrés, chaudronnerie, outils, verrerie, verres à vitre, miroiterie, faïences et porcelaines, quincaillerie, droguerie, produits chimiques et acides, couleurs et teintures, produits d'éclairage, huiles et lampes, carrosserie, objets de librairie, instruments de musique, plumes, tabac, graines de semence, gomme, copal, vanille, objets en corne, caoutchouc. cire, soie, café, thé, cacao, sucre.

Deuxième catégorie. — Vannerie, mercerie, tous les produits manufacturés dans le pays, boucherie, épicerie, sel, poissons frais et salés, alcools bruts, métaux bruts, toiles goudronnées, graisses, suifs et faïences de revêtement, couvertures et charpentes, marbres, bitumes, charbon de bois, rabanes, cuirs et peaux d'animaux, cornes, bois d'ébénisterie, légumes secs, rafia.

Troisième catégorie. — Cotons, tous les produits agricoles y compris les volailles et fruits frais, conserves, tuiles et briques, chaux, ciments et plâtres, pierres et pavés, sables, bois bruts, charbon de terre, coke, engrais, terre glaise, minerais, pailles et foins, blés et céréales, maïs, crin végétal.

Dans le but d'éviter des contestations dans la perception du prix des transports, il sera dressé une classification générale des marchandises d'après les bases indiquées ci-dessus. Cette classification sera soumise au ministère des Colonies. En cas de désaccord sur les assimilations qui y seront contenues, il sera statué par arbitres.

La classification une fois arrêtée ne pourra être modifiée qu'en vertu d'un accord entre le ministre des Colonies et le concessionnaire, sans préjudice du droit d'abaisser les tarifs réservés à celui-ci par l'article 36 ci-après.

ART. 32.

Tarifs à l'exportation pour le riz. — A destination de Tamatave ou de tout autre point d'exploitation, le riz sera taxé à raison de 0 fr. 10 par tonne et par kilomètre avec un minimum de perception de 5 francs par tonne.

ART. 33.

Tarif pour le transport des animaux vivants. — Les animaux vivants, divisés en trois catégories, seront soumis aux taxes kilométriques suivantes, calculables par tête de bétail transporté, savoir :

A l'importation et pour le trafic local.

Première catégorie. — Bœufs, vaches, taureaux, buffles et bêtes de selle ou de trait, 0 fr. 65 par tête.

Deuxième catégorie. — Veaux, ânes, porcs, 0 fr. 25 par tête.

Troisième catégorie. — Moutons, brebis et chèvres, 0 fr. 10 par tête.

A destination de Tamatave ou de tout autre point d'exploitation.

Première catégorie. — 0 fr. 15 par tête et par kilomètre.

Deuxième et troisième catégorie. — 0 fr. 10 par tête et par kilomètre.

niale n'en a pas moins continué son œuvre et s'est assuré le concours de l'entrepreneur de travaux publics bien connu, M. Vitalis. Conformément à ses engagements et à l'article de la convention visant le délai d'option, elle a envoyé une mission composée de cinq ingénieurs et de deux opérateurs qui se sont embarqués le 10 mai pour Madagascar et sont arrivés le 6 juin à Tamatave. Dès le 11 juin, la mission se mettait en route avec cent quatre-vingt-trois porteurs. Elle est chargée d'examiner non seulement le tracé par Tamatave, mais encore celui par Majunga.

Les études déjà faites par le personnel du génie ont mis en quelque sorte la question au point, mais les travaux qui incombent aux ingénieurs de la mission n'en sont pas moins fort délicats, puisque leurs conclusions entraîneront l'engagement définitif de la Compagnie et le commencement d'exécution des travaux, immédiatement après le vote du parlement.

IV

TRACÉ DU CHEMIN DE FER DE TAMATAVE
A TANANARIVE

Aperçu de la dépense. — Tarifs. — Trafic probable.

Deux solutions s'offraient pour réunir Tananarive à la côte par un chemin de fer : la voie de l'Est, aboutissant à Tamatave, d'une longueur de 370 kilomètres; et celle de l'Ouest, se terminant à Majunga, dont la longueur est de 640 kilomètres environ.

Le commandant Roques a adopté la voie la plus courte et, en prenant ce parti, il a obéi sans doute à une première considération qui a bien sa valeur.

Dans la construction d'un chemin de fer dont chaque kilomètre coûtera dans les environs de 150 000 francs en moyenne, — moins il y aura de kilomètres, et moins la dépense sera élevée; moins élevés également seront les frais d'entretien et d'exploitation; moins lourde par conséquent sera la rémunération du capital engagé. C'est une vérité de M. de la Palice, mais elle est bonne à répéter.

C'est la raison qui a fait écarter le tracé par Majunga. Quant à celui par Fianarantsoa, voici comment s'est exprimé le lieutenant-colonel Roques, au dîner mensuel de l'Union Coloniale et du Comité de Madagascar du 28 janvier dernier :

« Je considère ce chemin de fer comme parfaitement faisable, « mais j'éprouve la crainte qu'on veuille le présenter comme le « premier tronçon d'une voie destinée à se diriger sur Tanana-

« rive. Si une telle proposition se produisait, je vous dirai
« qu'une voie de pénétration partant de la mer pour aboutir à
« Tananarive, en passant par Fianarantsoa, n'aurait pas moins
« de 700 kilomètres de longueur et que, par ce fait même, elle
« devrait être écartée. »

M. le colonel Roques a respecté ensuite ce que nous consi-
dérons comme un véritable principe que nous avons défendu bien
souvent, c'est que les centres commerciaux ne s'improvisent pas :
puisque Tamatave est le centre commercial le plus important de
Madagascar — tout est relatif, — puisque le courant est ainsi
établi, il en fait la tête de ligne de sa voie ferrée ; de plus cette
ligne suivra la direction de l'ancien sentier commercial pratiqué
par les bourjanes depuis de longues années, et tout le long
duquel — ainsi qu'on l'a vu déjà — sont établis des villages et
une population relativement dense. Nous croyons donc que le
lieutenant-colonel Roques est dans le vrai.

Mais, est-ce à dire pour cela qu'il faille renoncer pour toujours à relier l'Imérina à Majunga ? à doter le Betsiléo des bien-
faits d'une voie ferrée ? Non. — Très certainement non. — La
baie de Majunga offre actuellement un abri bien plus sûr que
Tamatave et se prête mieux à être convertie en un excellent port
commercial et même militaire.

D'abord, Majunga est en dehors de la zone des cyclones, ce
qui n'est pas indifférent. Il ne faut pas, en outre, nous laisser
hypnotiser par les souvenirs très douloureux que nous rappelle
le nom de Majunga. Si tant de nos enfants dorment leur dernier
sommeil dans les cimetières environnants, où une simple petite
croix de bois, déjà vermoulue et dont les inscriptions ont
presque disparu, marquent la place de leurs dépouilles, ces
pertes cruelles — que personne ne déplore plus que nous —
sont dues à des causes tout à fait spéciales, aux conditions dans
lesquelles il a été fait appel à leur dévouement et à leur abné-
gation ; et le même malheur se serait sans doute produit à Tamatave, si ce point avait pu être choisi pour le débarquement du
corps expéditionnaire. Ne tirons donc aucune conséquence, pour
l'avenir, de ces faits à jamais regrettables et ne faisons pas
retomber sur Majunga une responsabilité et une malédiction
qu'elle n'a pas encourues.

Ainsi que l'a écrit M. Jean Hess dans *le Figaro* du 25 août
dernier : « La plupart du temps, ce n'est pas le climat qui est

« mortel, c'est la vie qu'on mène sous ce climat. C'est la mécon-
« naissance de l'hygiène coloniale qui a décimé les soldats de
« nos expéditions coloniales. Si l'on avait écouté les médecins,
« le Tonkin, le Dahomey, Madagascar ne nous auraient pas
« coûté les tristes sacrifices que l'on sait. Dans les installations
« nouvelles que nécessite l'extension de notre influence, il
« faudra qu'on tienne compte des avis du médecin. Le succès
« est à ce prix. Dans toutes nos colonies, si l'on veut obéir aux
« lois d'hygiène imposées par le climat, le Blanc peut vivre et
« travailler. Mais il faut que ces lois d'hygiène soient connues
« et respectées. C'est le rôle du corps de santé colonial de les
« établir et de les faire connaître[1]. »

Quant au pays des Betsiléos, nous devons l'oublier d'autant
moins qu'il jouit de toutes les faveurs de nos colons et qu'ils
ont une véritable propension à s'y établir.

Mais Rome ne s'est pas faite en un jour, et si on com-
mettait la faute de tout entreprendre à la fois, on risquerait
fort de ne rien mener à bonne fin et de se heurter à d'infran-
chissables difficultés de main-d'œuvre et autres.

Il faut commencer par le commencement, le plus tôt possible, et prendre des dispositions assez sages, réfléchies et étu-
diées pour que cette première grande entreprise marche norma-
lement, économiquement, et donne des résultats commerciaux
et financiers productifs. Il faut que le timide capital soit rassuré
une fois pour toutes sur les conséquences de son emploi en
travaux publics aux colonies. Nous avons conscience que de cet
essai dépend non seulement l'avenir de Madagascar, mais celui
de la plus grande partie de nos colonies, et que ceux de nos
concitoyens qui sont encore hésitants et se montrent sceptiques

1. Une revue économique de Madrid, la *Estafeta*, vient de faire le relevé complet
des pertes subies par l'Espagne soit dans la campagne contre les colonies révoltées
de Cuba et des Philippines, soit dans la guerre avec l'Amérique.

De mars 1895 à mars 1897, il est parti 180 431 soldats, 6 222 officiers, 615 officiers
supérieurs et 10 généraux. Il faut y ajouter 12 000 hommes qui se trouvaient à
Cuba, soit 200 000 hommes environ.

Au feu ont été tués : 1 général, 60 officiers, 1 314 soldats. Sont morts de leurs
blessures : 1 général, 81 officiers et 704 soldats.

Les pertes réelles de guerre n'ont pas dépassé 5 pour 100 de l'effectif total des
troupes, mais les maladies ont fait de grands ravages. La fièvre jaune seule a tué
313 officiers et 13 000 soldats; les fièvres paludéennes et autres maladies épidé-
miques ont enlevé 127 officiers et 40 000 soldats.

La malheureuse Espagne a donc perdu 100 000 hommes, plus ses colonies.

attendent cette tentative pour prendre un parti; si elle réussit, ils n'hésiteront pas à se joindre au mouvement favorable qui se produit.

Le colonel Roques a donc eu raison, d'après nous, d'adopter le tracé par Tamatave.

Voyons maintenant en quoi résident les difficultés, qui sont nombreuses — il n'y a pas à se le dissimuler.

La région qui sépare Tananarive de la côte est peut se subdiviser en quatre sections distinctes :

1° Le plateau de l'Imerina, d'une altitude de 1 300 à 1 500 mètres, soutenu à l'est par l'*Angoro*, chaîne parallèle à la côte et d'une hauteur de 500 à 600 mètres ;

2° Le plateau du *Mangoro*, qui forme une sorte de palier d'une altitude moyenne de 800 mètres et qui s'étend à l'est, sur une longueur de 20 kilomètres environ, jusqu'aux monts *Betsimitsaraka* ;

3° Les soulèvements montagneux qui s'étagent à l'est des monts Betsimitsaraka et vont en s'abaissant graduellement jusqu'à la bande littorale, en donnant lieu à des couloirs d'où les eaux se précipitent par des sortes de brèches successives ;

4° La bande littorale, de quelques kilomètres de largeur, qui s'étend des montagnes jusqu'à la mer et dont nous avons parlé en nous occupant du canal des Pangalanes.

Telle est la configuration générale de la région que doit traverser la voie ferrée et le problème à résoudre se décompose ainsi :

1° Passage de la bande littorale à la plaine du Mangoro ;

2° Franchissement, entre la plaine du Mangoro et la haute vallée de l'Ikopa, de la chaîne bordière de l'Imérina.

Dans le numéro du journal *l'Illustration* du 2 avril 1898, nous avons vu une carte indiquant le tracé du chemin de fer projeté. C'est à peu de chose près la reproduction de celle émanant du *Service géographique des Colonies*, que M. Cros-Bonnel avait jointe à son rapport. Nous entrerons dans un peu plus de détails, en nous servant des renseignements personnels que nous avons drainés de divers côtés.

Avant l'arrivée de M. le lieutenant-colonel Roques, M. le colonel Marmier, chargé des études préliminaires, avait résolu la première partie du problème et avait reconnu qu'on pouvait fort bien arriver de la côte jusqu'à un col donnant un accès facile dans la plaine du Mangoro, en suivant la vallée du *Vohi-tra* et de son affluent la Sahatandra.

Quant à la seconde partie, le colonel Roques, s'inspirant du reste des travaux de son collègue M. le colonel Marmier, exécuta une reconnaissance au nord-ouest de Moramanga et constata qu'une voie Sahanjonjona-Isafotra était la seule qui permît de passer de la plaine du Mangoro à la vallée de l'Ikopa. La traversée de la plaine du Mangoro est facile; mais, en pénétrant dans la vallée du Schanjonjona, dont il suit la rive droite, jusqu'à Ambohijanary, il est forcément obligé de subir de fortes pentes qui conduisent jusque vers l'Imérina, en prenant la vallée de l'Isafotra. On nous a assuré que, sauf ce point, où les pentes atteignent 35 millimètres, elles ne sont pas supérieures à 25 millimètres sur le reste du tracé.

Le développement total de la voie ferrée est de 371 kilomètres et il est difficile d'espérer que les travaux puissent être terminés en moins de 6 ans.

Ce tracé est donc le plus court, mais il présente d'autres avantages. Il traverse la plaine du Mangoro qui est très vaste, fertile, et deviendra un centre agricole fort intéressant, puisqu'on pourra s'y livrer avec chance de succès aux cultures les plus variées. De plus, il longe la grande forêt, ce qui en rendra l'exploitation méthodique beaucoup plus facile et fructueuse.

Si on recherche quels sont les frais qu'ont entraînés les divers chemins de fer qui ont été construits dans des conditions se rapprochant de celui projeté à Madagascar, notamment le chemin de fer du Congo belge, il nous paraît difficile que le kilomètre de voie ferrée n'atteigne pas au moins 150 000 francs.

Or, cela constitue un joli denier; car, 371 kilomètres × 150 = 55 millions 650 000 francs, soit 56 millions en chiffres ronds; de plus, il faut compter avec les surprises et les aléas, qui ne peuvent manquer de se produire dans une entreprise de cette nature.

Les frais d'entretien et d'exploitation doivent être évalués à 40 0/0 des recettes brutes, soit environ 6 000 francs par kilomètre.

371 kilomètres × 6 000 = 2 millions 226 000 francs par an [1].

Avec ces deux facteurs, nous pouvons établir le compte de la cuisinière, qui est encore le plus simple et le meilleur.

---

[1]. A Maurice, la ligne absorbe pour ses frais d'exploitation environ 55 p. 100 de la recette brute.

Intérêts à 5 0/0 du capital (56 millions × 5 0/0)   . . .   2 800 000 francs.
Frais d'entretien et d'exploitation (371 kilom. × 6 000).   2 226 000   —

Charges annuelles. . . . .   5 026 000 francs.

Les recettes sont-elles susceptibles de couvrir ces charges et de laisser un bénéfice? Tel est le point à élucider.

Les statistiques officielles sur le mouvement commercial de Tamatave sont fort incomplètes et, pour éclairer notre religion, nous avons eu recours à l'obligeance de divers colons fixés depuis longues années à Madagascar. Ils évaluent à 40 000 tonnes, au moins, le total du mouvement commercial qui se produit à Tamatave (importations et exportations réunies), le chiffre des importations l'emportant de beaucoup sur celui des exportations.

Sur ces 40 000 tonnes, quelle est la portion qui se dirige sur l'Imérina et dont le futur chemin de fer devra bénéficier? Cette question n'est pas aussi simple à résoudre qu'on pourrait le croire, mais les mêmes vieux colons, après des pointages sérieux et répétés, croient être au-dessous de la vérité en estimant à quinze mille tonnes la quantité de marchandises à destination de Tananarive et du plateau de l'Imérina, compris, bien entendu, les transports pour compte de l'Etat.

Or, en appliquant le tarif moyen de 0 fr. 75 par tonne et par kilomètre pour l'importation, nous voyons que le transport d'une tonne de marchandises de Tamatave à Tananarive reviendra à 281 fr. 25; et, si nous appliquons le tarif de 0 fr. 50, nous arriverons au prix de 185 fr. 50.

Nous appelons l'attention de nos lecteurs sur ce dernier chiffre parce que les marchandises comprises dans la troisième catégorie et tarifées à 0 fr. 50 sont les gros matériaux de constructions, les combustibles, les tuiles, briques, chaux, ciment et plâtre, engrais, blé et céréales, maïs, etc., pour lesquels il y a un puissant intérêt à ouvrir toutes grandes les portes de la capitale et des pays avoisinants.

Pour établir notre calcul des recettes, nous prendrons naturellement le tarif moyen :

15 000 tonnes × 281 fr. 25. . . . .   4 218 750 francs.
Voyageurs (grande vitesse). . . . .   500 000   —
Produits à la descente. . . . .   500 000   —

TOTAL DES RECETTES. . . . . .   5 218 750 francs.

Nous arrivons donc à un excédent de près de 200 000 francs

des recettes sur les dépenses, ce qui nous paraît indispensable pour constituer des réserves et créer un fonds sérieux d'amortissement, que nous n'avons pas prévu dans notre calcul.

Nous serions grandement partisan d'un forfait pour l'établissement de l'ensemble de la ligne, car les travaux en régie n'ont jamais eu nos sympathies, pas plus dans les colonies que dans la métropole. M. le général Gallieni partage du reste cette manière de voir puisqu'il a ordonné de s'en abstenir le plus possible et de donner les lots de la route charretière en constructions *à l'entreprise*, au fur et à mesure que l'on trouverait des entrepreneurs sérieux et solvables.

Qu'on nous permette de revenir encore sur les tarifs. Il ne faut pas oublier que le transport d'une tonne de marchandises, de Tamatave à Tananarive, a coûté jusqu'à 1 300 et 1 500 francs et que le prix normal était 1 000 francs. Admettons que la nouvelle route charretière le fasse tomber à 800 francs. Avec le chemin de fer, nous descendons à 281 fr. 25 pour le tarif moyen de la troisième catégorie : l'économie est donc considérable.

En outre, il ne faudra qu'une journée pour aller de Tamatave à Tananarive — au lieu d'un délai indéterminé — et les marchandises seront affranchies des dangers et des accidents de toute sorte auxquels elles sont exposées aujourd'hui. Ce sont là pour les expéditeurs des avantages inappréciables dont ils savent fort bien se rendre compte et qui se traduisent par de nouvelles économies.

Quant aux voyageurs, au lieu de gravir le pénible calvaire que nous avons déjà parcouru, d'être obligés de passer plusieurs nuits dans des gîtes d'un confortable douteux, ils seront rendus en douze heures à Tananarive, dans de bons wagons, qui les abriteront de la pluie et du soleil et qui vaudront infiniment mieux que les filanzanes ou même les diligences. Les frais de voyage seront également infiniment moins élevés que de nos jours.

Nous ne sommes donc pas hostile, en matière de chemins de fer coloniaux, à l'application de *tarifs forts*[1], au début; nous croyons même que l'on courrait au-devant d'un insuccès complet si l'on rêvait d'appliquer les tarifs usités en Europe.

---

1. Au chemin de fer du Congo, le tarif s'élève à 2 fr. 40, ainsi que cela résulte de l'exposé des motifs qui accompagne le projet de loi présenté au Parlement belge.

Quand, d'un seul coup, on réalise une économie aussi importante, une amélioration aussi profonde que celles que nous venons de mentionner, c'est suffisant pour provoquer une très notable augmentation dans le trafic. Mais nous demandons que la décroissance des tarifs suive pas à pas l'augmentation du trafic, et c'est d'autant plus juste que, dans le cas qui nous occupe, les frais d'exploitation ne varieront pas beaucoup et que les frais principaux résideront dans l'entretien de la voie et du matériel.

De cette façon, le chemin de fer, à ses débuts, est assuré de son existence; il provoque, par sa création, un rapide développement des transactions commerciales; et cette activité commerciale provoque à son tour une diminution graduelle des tarifs de transport, sans que la ligne ferrée en souffre, — car, ne l'oublions pas, il faut qu'elle soit prospère.

Telle est, à notre sens, la façon dont il convient de comprendre la création et l'exploitation d'une voie ferrée à Madagascar

LES SERVICES MARITIMES — RADES — CABLES
TÉLÉGRAPHE — PHARES

Si nous ne jugeons pas prudent d'entreprendre trop de travaux publics à la fois à Madagascar, si nous croyons même indispensable, au début, de ne pas aventurer nos capitaux à la légère et de ne rien négliger pour leur assurer une juste et fructueuse rémunération, nous sommes d'avis qu'il faudrait sans tarder y créer un véritable port, pour que les navires puissent y procéder en sécurité à leurs opérations de chargement et de déchargement. A notre avis, ce travail doit être entrepris en même temps que celui de la voie ferrée et, puisqu'elle doit aboutir à Tamatave, il faut outiller et aménager Tamatave de façon que ce terminus soit en état de jouer le rôle auquel il est appelé.

Actuellement, Tamatave n'est pas un port. C'est une rade, un mouillage, protégé au nord-est par un grand récif, à l'abri duquel mouillent les navires de guerre, et par une série de petits récifs situés plus près de la côte. La ville est bâtie sur une sorte d'éperon, ainsi qu'on peut le voir sur la carte marine, et qu'on appelle la pointe *Hastie*. Les navires de commerce s'approchent un peu plus près de terre que les vaisseaux de guerre, mais ils sont naturellement obligés de débarquer leurs marchandises sur chalands, de rester perpétuellement sur le qui-vive, et, pour ainsi dire, sous vapeur. Ce sont là des conditions détestables, auxquelles on est bien obligé de se soumettre, tout le long de la

Pl. V

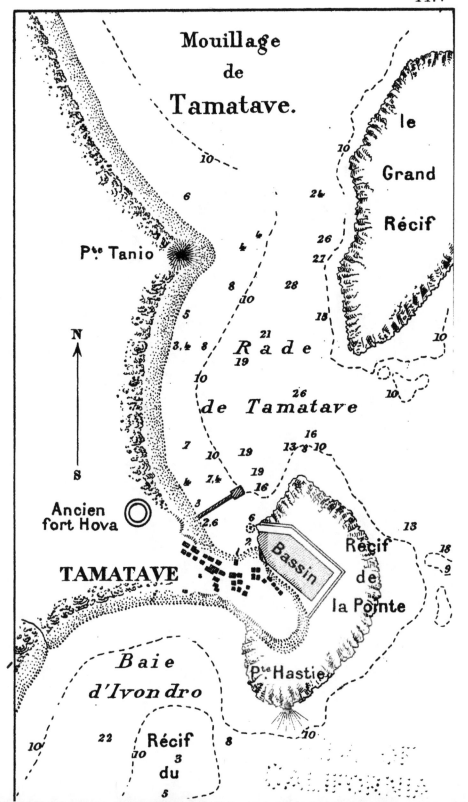

Mouillage
de
Tamatave.

le

Grand

Récif

Pte Tanio

N

S

R a d e

de Tamatave

Ancien
fort Hova

TAMATAVE

Bassin

Récif

de

la Pointe

Pte Hastie

Baie
d'Ivondro

Récif
du

côte occidentale d'Afrique, au sud de Dakar, parce qu'on se trouve en face d'une *barre* presque continue qui interdit l'approche de la terre. Mais, puisqu'il n'en est pas de même à Madagascar, faisons un véritable bassin à Tamatave, permettant aux navires de débarquer bord à quai — muni des grues nécessaires, de tout ce qu'il faut, en un mot, pour constituer un centre commercial et maritime. Il nous semble que ce bassin ne serait pas difficile à creuser entre la pointe Hastie et les récifs qui l'environnent; nous ne croyons pas que cela puisse entraîner à des dépenses considérables, d'autant plus que nous ne rêvons pas un port comme ceux de Liverpool ou de Hambourg.

D'après nous, la prospérité agricole et commerciale de Madagascar et l'avenir même du chemin de fer dépendent de la construction d'un véritable port au point terminus de çe chemin de fer. Si on réalise, malgré les *tarifs forts*, une économie considérable sur le transport, il faut que le même heureux résultat soit obtenu pour le débarquement des marchandises et qu'elles sortent directement des flancs du navire pour entrer dans les wagons.

Madagascar est actuellement desservie par trois lignes françaises régulières qui sont les suivantes :

Messageries Maritimes. — Deux départs par mois de Marseille, voie de Suez; dessert le nord, le nord-ouest et le nord-est de Madagascar par des escales comprises entre Majunga et Tamatave. Ce service est prolongé de Tamatave à la Réunion et à l'île Maurice.

Compagnie Havraise-Péninsulaire. — Un départ par mois du Havre, touchant à Saint-Nazaire, éventuellement Bordeaux. Marseille, voie de Suez; dessert Majunga, Diégo-Suarez, Tamatave et la Réunion.

Compagnie des Chargeurs-Réunis. — Un départ par mois du Havre, touchant à Bordeaux ; dessert Lisbonne, Dakar, Le Cap, Laurenço-Marquez, Beira, le sud-est de Madagascar par escales à Fort-Dauphin, Mananjary, Vatomandry, Andevorante, Tamatave.

En dehors de ces trois compagnies françaises, la *Castleline* dessert Fort-Dauphin, Mananjary, Vatomandry et Tamatave. De là, elle gagne Maurice.

Le vapeur allemand *Zanzibar* effectue chaque année plusieurs voyages pour le compte de la maison allemande *Oswald et C*[ie].

Les Américains n'ont pas de service régulier, mais le pavillon étoilé se montre souvent à Tamatave couvrant des importations de toile et autres objets.

On peut donc estimer les services des lignes françaises très suffisants pour les relations directes entre la métropole et la colonie.

Il n'en est pas de même en ce qui concerne les relations entre ce qu'on appelle les ports de cette grande île entre eux. Ils sont, présentement, très incomplètement, très imparfaitement reliés.

En dehors de l'admirable baie de *Diégo-Suarez* qui pourrait devenir le plus utile et le plus beau point d'appui que nous puissions posséder pour notre flotte de guerre et notre marine marchande, les principales rades sur la côte est sont : Vohémar, Tamatave, Vatomandry, Mananjary et Fort-Dauphin.

Sur la côte ouest : Majunga, Maintirano, Morondova et Tulear.

En plus de ces rades, il y a une foule de baies dont l'importance ne peut manquer de se développer au fur et à mesure que la civilisation pénétrera dans les régions qui les avoisinent.

A mon avis, il faudrait créer une double ligne circulaire desservant tous les points stratégiques et commerciaux des côtes. Cette ligne fonctionnerait dans les deux sens :

1° L'un des itinéraires partirait de Tamatave et passerait par le nord ;

2° L'autre partirait également de Tamatave et passerait par le sud.

Une communication régulière, aller et retour, s'établirait ainsi, d'une part, entre Tamatave et les diverses parties des côtes, d'autre part, entre les diverses rades elles-mêmes.

L'exécution d'un tel double service, au début, serait difficilement rémunérateur, mais les éléments de trafic attendent pour se développer la création de ces moyens de transport. L'opportunité de cette création étant incontestable et la condition primordiale du développement économique de notre nouvelle possession, l'État aurait le devoir de donner son appui non platonique à l'entreprise. Il serait, en effet, appelé à en bénéficier tout le premier, car un service régulier autour de l'île, comme nous le concevons, lui prêterait un inappréciable concours pour ses transports de personnel, matériel, approvisionnements, partout où il est nécessaire d'entretenir des postes ou des garnisons.

Sans entrer dans l'examen approfondi de tous les avantages que nous ne faisons que signaler il est permis néanmoins d'indiquer combien, en cas de révoltes, par exemple, la répression se trouverait facilitée par le transport rapide de troupes sur les régions troublées.

Le complément tout indiqué de ces mesures d'intérêt local serait dans la création, par voie de paquebot annexe, d'un service destiné à relier Majunga et les îles Comores (à peu près privées de communications, sauf l'escale trop courte des Messageries Maritimes) à la côte orientale d'Afrique.

Le Mozambique, par les ports de Mozambique, Beira, Laurenço-Marquez (tête de ligne du chemin de fer néerlandais qui dessert le Transwaal), prenant une importance considérable, trouverait dans l'établissement d'une ligne annexe de ce genre la possibilité de créer un courant constant et régulier d'affaires par le trafic des bœufs, volailles, aliments de toute sorte que Madagascar peut produire en abondance, et l'envoi sur cette île du charbon qui lui manque et dont la production se développe dans une grande proportion sur la côte orientale d'Afrique. De plus, un mouvement important en passagers s'établirait grâce au transport à Madagascar de nombreux prospecteurs d'or qui abondent dans l'Afrique du Sud et iraient tenter des opérations minières dans notre nouvelle possession.

Si l'établissement de relations entre Madagascar et l'Afrique orientale paraît en quelque sorte tout indiqué, il serait non moins intéressant de relier cette île avec nos possessions asiatiques : Cochinchine, Annam, Tonkin.

Nous l'avons vu au cours de cette étude, sauf les Antaymoros, les races d'indigènes réparties d'une façon peu dense sur toute l'étendue de l'île produisent peu de travail utile, et le développement de la culture, et plus particulièrement celle du riz, ne pourra subir par ce fait d'augmentation rapide. La production du riz est, dans l'état actuel, souvent insuffisante pour la nourriture des habitants de l'île et de nombreuses cargaisons ont dû être importés de Saïgon. Il y aurait donc lieu d'examiner la possibilité de donner à Madagascar la population agricole qui lui fait défaut et on la trouverait dans les réserves considérables d'habitants que présente le Tonkin, dont la population très dense dépasse 12 à 15 millions d'habitants.

Malheureusement, de même que pour des transports à orga-

niser entre les divers points de Madagascar, la création d'une
telle ligne entre Madagascar et l'Indo-Chine ne saurait, à l'heure
actuelle, être envisagée sans le concours de l'État et, en outre,
une organisation semblable nécessite des vues d'ensemble qu'il
est difficile à l'initiative privée d'appliquer.

L'État seul pourrait faire aboutir cette combinaison, au moyen,
par exemple, d'un minimum de fret assuré annuellement à une
ligne de navigation reliant Madagascar à l'Indo-Chine, et ce qui
nous semblerait le plus logique et le plus profitable pour l'État
serait d'étudier l'établissement d'une ligne qui, au départ de
France, desservirait nos possessions de la côte occidentale
d'Afrique, Madagascar, la Réunion et l'Indo-Chine française.

Par là seraient assurées également les communications entre
toutes nos possessions d'Afrique et d'Asie.

Nous croyons que des relations suivies ne tarderaient pas à
s'établir ainsi entre nos diverses possessions d'Afrique et d'Asie
et nous visons tout spécialement le commerce des riz.

Nos colonies de la côte occidentale d'Afrique font une grande
consommation de riz pour l'alimentation, et ces riz provenant
de nos colonies d'Indo-Chine, de cet immense grenier de riz
qu'est la Cochinchine particulièrement, sont actuellement ache-
minés sur leur destination définitive à la suite de longs et coûteux transbordements qui s'effectuent soit par voie de France,
soit, le plus souvent, par voie d'Allemagne ou d'Angleterre.

Nous prenons la respectueuse liberté de soumettre ces considérations au bienveillant examen de M. le Ministre des Colonies.

Télégraphes. — *Câbles.* — Une ligne télégraphique déjà
ancienne fut créée par M. Le Myre de Vilers entre Tamatave et
Tananarive. Une seconde relie la capitale et Majunga; une troisième, dont le premier tronçon est livré au public, est en construction de Tananarive à Fianarantsoa et il faudra bien qu'on
la poursuive jusqu'à Fort-Dauphin. Reste Diégo-Suarez, jusqu'à
présent déshérité.

Quant aux câbles, il n'en existe qu'un seul qui traverse le
canal de Mozambique et met la grande île en communication
avec l'Europe.

Nous avons entendu bien des colons manifester le désir très
légitime mais très coûteux qu'un câble fût immergé tout
autour de l'île afin de relier toutes les rades entre elles en même
temps qu'à la métropole. C'est là un projet fort séduisant et

nous savons que |le gouvernement s'en préoccupe, mais il convient de ne pas oublier que Madagascar est beaucoup plus grande que la France et, qu'étant une île, le développement de ses côtes est supérieur de plus du double à celui des côtes de la métropole. Il est donc probable que le gouvernement procédera à ce travail avec une sage lenteur.

M. Denis Guibert, dans *le Figaro* du 6 septembre, a grandement raison de signaler que notre organisation générale des câbles sous-marins laisse plus qu'à désirer et que non seulement pour nos communications avec Madagascar, mais pour celles avec toutes nos colonies d'Afrique et d'Asie, nous sommes tributaires des Anglais. Il rappelle la très remarquable conférence qu'a faite à ce sujet en 1896, sur l'initiative de l'Union Coloniale, M. Depelley — et dont nous avons conservé un souvenir très exact. M. Depelley nous a démontré, par une carte portant les tracés de toutes les lignes télégraphiques, que les Anglais ont enserré les continents et les mers dans un réseau télégraphique qui ressemble à une gigantesque toile d'araignée et que, sauf pour l'Algérie et la Tunisie, c'est toujours par l'intermédiaire des lignes télégraphiques anglaises que nous sommes renseignés sur ce qui se passe dans les colonies.

Du côté de l'Amérique, un faisceau de dix câbles transatlantiques relie l'Angleterre à Terre-Neuve et au Canada.

Plus bas, vers le sud, trois autres lignes anglaises rattachent le Brésil au Portugal ou à l'Espagne et, par leur prolongements, à Londres; d'autres lignes anglaises s'étendent le long de la côte du Pacifique, dans l'Amérique centrale et dans toutes les Antilles et complètent ce premier réseau.

Du côté de l'Orient, les lignes anglaises, partant de Londres, tournent l'Espagne par Gibraltar, touchent à Malte, traversent la mer Rouge et arrivent à Aden, où elles bifurquent; d'abord, par un faisceau de trois câbles qui se dirigent sur l'Inde et se prolongent par d'autres lignes jusqu'en Chine, d'une part, jusqu'à l'Australie et la Nouvelle-Zélande, d'autre part; ensuite, par une ligne qui descend d'Aden à Zanzibar, longe la côte orientale d'Afrique jusqu'au Cap.

Ce réseau oriental est doublé par des lignes mi-sous-marines, mi-terrestres qui, partant également de Londres, traversent l'Europe et vont aborder l'Inde par le golfe Persique.

Du côté de la côte occidentale d'Afrique, les lignes anglaises descendent d'abord jusqu'à Bathurst, au-dessous du Sénégal, puis, de là, festonnent le long de la côte, jusqu'au Cap. Quelques-unes de ces lignes touchent à des territoires français : Konakry, sur les rivières du Sud ; Grand-Bassam, Kotonou, sur la côte du Dahomey ; et Libreville, sur la rive du Gabon, et reçoivent des subventions du gouvernement français. Or, les stations de passage, sur lesquelles viennent converger tous ces câbles, sont Accra, Sierra-Leone et Bathurst, toutes en territoire anglais.

Les Compagnies anglaises ont aujourd'hui un capital de près d'un milliard de francs et réalisent une recette annuelle de cent vingt millions, recette qui est une sorte d'impôt prélevé sur toutes les nations et notre quote-part est allée grossissant au fur et à mesure que s'est étendu notre empire colonial. Le gouvernement anglais a favorisé de toutes ses forces la constitution de ces grandes compagnies par de puissants concours financiers et en les patronnant énergiquement auprès des gouvernements étrangers.

Nous n'avons certes pas la prétention que ce problème soit résolu par notre pays dans les vingt-quatre heures, car l'œuvre poursuivie sans bruit par les Anglais date de trente années et a exigé des sacrifices considérables en subventions de tous genres, mais il est difficile de ne pas se préoccuper en France des moyens à prendre pour atténuer le plus possible les conséquences graves de cette formidable organisation et de ne pas tenter des efforts graduels pour nous mettre en communication directe et par câble français, avec chacune de nos colonies et surtout avec Madagascar.

Il faut bien nous dire que Londres est actuellement le centre télégraphique où tout converge, où tout arrive, et il ne se produit pas un incident au monde, pas un fait politique ou commercial dont la nouvelle ne soit pas donnée d'abord à Londres.

Dans ces conditions, on est en droit de se demander ce que deviendraient, en cas de guerre ou même de simples complications, nos correspondances avec nos colonies, et c'est pour cela, qu'à propos de nos relations télégraphiques avec Madagascar, nous n'avons pas craint de nous livrer à ces considérations générales, que M. Depelley avait si brillamment développées.

Phares. — Avant l'occupation française, il n'existait pas de phares à Madagascar. Il n'y avait qu'un feu fixe blanc, à l'entrée de la baie de Diégo-Suarez, à Nossy-Langoro, sur l'îlot des Aigrettes ; et deux feux fixes à Nossi-Bé, l'un sur la pointe Taffindro et l'autre sur la pointe Hellville, c'est-à-dire du côté de l'île faisant face à Madagascar.

Tout l'éclairage des côtes se bornait là.

D'après les renseignements qu'à bien voulu nous fournir le très distingué directeur des travaux publics au ministère des Colonies, M. Bricka, ingénieur en chef des ponts et chaussées, l'attention du gouvernement s'est portée naturellement sur ce point important et on travaille activement à sortir notre île de cette dangereuse obscurité et à la doter des phares indispensables.

Du côté de Diego-Suarez, un grand phare, à feu éclair, sera placé sur le cap d'Ambre, et on maintiendra le feu de l'îlot des Aigrettes.

A Tamatave, il y aura deux feux fixes ; l'un à la pointe *Tanio*, et l'autre à la pointe *Hastie*.

A Majunga, il y en aura trois : un phare à feu éclair, placé à 25 mètres de hauteur sur la pointe de *Kapsepé* ; un feu fixe de quatrième ordre, à la pointe *Anarambalo* ; et un un autre sur la *Pointe-de Sable*.

Rien n'est encore prévu pour Fort-Dauphin et les autres points.

Les divers phares projetés sont tous en construction et seront terminés dans le courant de 1899. Les sommes nécessaires sont prises sur les fonds de la conversion de la dette et l'entretien sera à la charge de la colonie.

On voit qu'on ne peut pas dire, sans tomber dans l'exagération et dans un esprit de critique systématique, qu'on n'a rien fait pour Madagascar, depuis que nous en sommes les maîtres. Sur place, le général Gallieni a donné les preuves les plus manifestes de son intelligente et courageuse activité[1] et il faut avoir la bonne foi d'avouer que la mère patrie l'a aidé de son mieux.

Madagascar, par sa situation et la variété des produits qu'il serait facile d'en tirer, pourrait avoir l'heureux et rare privilège de ne point exciter les craintes que manifestent, à l'égard même de nos colonies, les très nombreux partisans de l'école protectionniste.

1. Au Congrès des Sociétés françaises de Géographie, tenu à Marseille, du 17 au 24 septembre, une adresse de chaudes félicitations a été votée à l'unanimité au général Gallieni.

En y organisant intelligemment des moyens de transport terrestres et maritimes, en les développant graduellement d'après un plan mûrement réfléchi et sagement poursuivi, notre colonie pourrait devenir le grand fournisseur de toute la partie de l'Afrique du Sud et du Transwaal où la soif de l'or, jointe à l'aridité du sol, fait délaisser la culture. Non seulement les bœufs, les moutons et les porcs, mais le blé, le vin, les légumes, les fruits, les œufs, les volailles trouveraient aisément, sur ces côtes, d'importants débouchés. Puisque les Anglais réalisent des bénéfices très ronds en |important au Transwaal des bœufs d'Australie et d'autres marchandises, nous nous demandons s'il ne nous serait pas bien plus aisé d'atteindre le même but en nous livrant aux mêmes importations, d'un point aussi voisin que Madagascar de ce centre de consommation.

Notre colonie ne ferait ainsi aucune concurrence aux produits similaires du sol français et se bornerait à nous envoyer : du café, du cacao, de la vanille, des bois d'ébène ou de palissandre, du caoutchouc, qui, à ma connaissance, n'ont point encore poussé sur notre sol et dans nos forêts.

Il faudrait, en outre, que nos industriels se résignassent à fabriquer pendant quelque temps, des cotonnades bon marché et de mauvais goût (ce qui leur est difficile, et on ne peut que les en féliciter) pour remplacer celles d'Angleterre et d'Amérique, et attendre que, la civilisation aidant, le goût et le bien-être progressant, les femmes malgaches — qui sont coquettes comme toutes les femmes, — recherchent nos jolies étoffes aux couleurs harmonieuses et peu heurtées et que les tissus de soie, les rubans et les foulards deviennent les compléments de leur toilette.

De cette façon, le commerce de Madagascar, qui ne dépasse pas annuellement une vingtaine de millions — ce qui est fort peu de chose — prendrait un développement certain, sans porter aucun ombrage aux fervents disciples de mon honorable ami M. Méline, et à l'inquiète et bizarre sollicitude des divers gouvernements qui se succèdent au pouvoir.

TABLE

Paris. — Typ. Chamerot et Renouard, 19, rue des Saints-Pères. — 37087.

DERNIÈRES PUBLICATIONS

Shakespeare en France sous l'Ancien régime, par M. J.-J. JUSSERAND. Un volume in-18 jésus, broché. . . . . 4 »

Au temps de Shakespeare : Anciennes relations littéraires entre la France et l'Angleterre. Résultat différent de ces relations. Influences étrangères sur notre théâtre. — *Sous Louis XIV :* Les Indépendants français. Le triomphe des Réguliers. Rapports avec l'Angleterre avant et après la Restauration. Première idée de Shakespeare. — *Le XVIIIᵉ siècle* (1715-1750) : Vers l'anglomanie. Influence de Shakespeare sur la scène française. Les innovations de Voltaire. — *Le XVIIIᵉ siècle (de 1750 à la Révolution) :* Anglomanie et francomanie. Résultats de ces tendances. La guerre à propos de Shakespeare. Shakespeare sur la scène française. L'époque de la Révolution. — *Épilogue :* La période romantique. Les drames shakespeariens vulgarisés.

De Dumas à Rostand, Esquisse du mouvement dramatique contemporain, par M. AUGUSTIN FILON. Un volume in-18 jésus, br. 3 50

L'âge de Dumas et d'Augier. — Édouard Pailleron. Henry Becque. Le naturalisme au Théâtre et la Comédie « rosse ». — Le Théâtre libre. — Autour des théâtres. Les artistes, le public, la critique. — La Comédie nouvelle. Jules Lemaître. Brieux. Henri Lavedan. Paul Hervieu. Maurice Donnay. — L'Évolution des vieux genres. Renaissance du vers dramatique : Jean Richepin et Edmond Rostand.

Les Industries monopolisées *(Trusts)* **aux États-Unis,** par M. PAUL DE ROUSIERS. Un volume in-18 jésus (*Bibliothèque du Musée social*), broché. . . . . 4 »

Adversaires et partisans des Trusts. — Le Trust du pétrole. — Les tentatives de monopolisation de l'anthracite. — Le Trust du sucre. — Le Trust de l'acier. — Le Trust du whiskey. — Le Trust du cordage. — Les Trusts et les Brevets d'invention. — Les Trusts et les Services publics. — La Concentration industrielle et la Concurrence.

Précédemment paru :

Le Trade-Unionisme en Angleterre, par M. PAUL DE ROUSIERS, avec la collaboration de MM. DE CARBONNEL, FESTY, FLEURY et WILHELM. Un volume in-18 jésus (*Bibliothèque du Musée social*), broché. . . . . 4 »

La Prévoyance sociale en Italie, par M. LÉOPOLD MABILLEAU, correspondant de l'Institut, directeur du Musée social, CH. RAYNERI et Cⁱᵉ DE ROCQUIGNY. Un volume in-18 jésus (*Bibliothèque du Musée social*), broché. . . . . 4 »

La Coopération dans l'Épargne et dans le Crédit : L'Épargne et ses emplois. — Le Crédit populaire. — *La Coopération dans l'Agriculture italienne :* Les syndicats agricoles. Les chaires ambulantes. Les Sociétés coopératives de production agricole. — *La Coopération ouvrière :* La crise ouvrière et les Sociétés de secours mutuels. Les Sociétés de braccianti.

Vocabulaire-manuel d'Économie politique, par M. ALFRED NEYMARCK. Un volume in-18 jésus, relié toile, tranches rouges. 5 »

Cet ouvrage renferme tout ce qui est de nature à éveiller l'attention sur beaucoup de sujets et à faire naître la curiosité scientifique : définitions, citations, indications d'ouvrages à consulter, énumérations de questions à étudier, références aux grands classiques économiques et aux savants contemporains. C'est un *répertoire d'idées* autant qu'un répertoire de mots.

Les Pays de France, Projet de fédéralisme administratif, par M. P. FONCIN. Une brochure in-16 (*Questions du Temps présent*). 1 »

M. Foncin recherche les moyens d'accomplir la décentralisation administrative. Il propose de grouper les communes dans les limites des anciens « pays », et les départements en régions qu'il décrit une à une dans leurs traits essentiels.

Paris. - Typ. Chamerot et Renouard, 19, rue des Saints-Pères. — 37087